Diogenes Taschenbuch 20250

de te be
AF197191

GEORGE ORWELL, eigentlich Eric Arthur Blair, wurde 1903 in Bengalen, Nordostindien, geboren. In England besuchte er als armer Stipendiat eine Eliteschule. Seinen Dienst in Burma kündigte er nach fünf Jahren aus Protest gegen die britischen Kolonialmethoden. Er gesellte sich u.a. als Vagabund, Tellerwäscher und Hilfslehrer zum Proletariat in London und Paris, dessen Leben er in Reportagen und Büchern beschrieb. Engagement in der kommunistischen Miliz im Spanischen Bürgerkrieg, schwere Verwundung. Danach Redakteur in London, Ende des Zweiten Weltkriegs Korrespondent in Deutschland und Frankreich. George Orwell starb 1950 in London.

George Orwell
Rache ist sauer

Essays
Aus dem Englischen von
Felix Gasbarra

Diogenes

Dieser Band enthält eine Auswahl aus
›The Collected Essays, Journalism and Letters
of George Orwell‹, 1920–1950, 4 vols.,
Secker & Warburg, London 1968
Copyright © by The Estate of the
late Sonia Brownell Orwell
Zusammengestellt von William Matheson
und Anne Elisabeth Suter
›Revenge is Sour‹ und ›Autobiographical Note‹
wurden von Peter Naujack übersetzt,
›Raffles and Miss Blandish‹ von Claudia Schmölders
Redaktion: Claudia Schmölders
Nachweise finden sich jeweils am Schluß der Essays
Covermotiv: Illustration von Tomi Ungerer

Die Nutzung dieses Werks für Text und Data Mining
im Sinne von § 44b UrhG behalten wir uns explizit vor

Alle deutschen Rechte vorbehalten
Copyright © 1975
Diogenes Verlag AG Zürich
info@diogenes.ch · www.diogenes.ch
In Fragen zur Produktsicherheit (GPSR):
truepages UG (haftungsbeschränkt)
Westermühlstraße 29, 80469 München
info@truepages.de
ASR/20/852/12
ISBN 978 3 257 20250 2

Inhalt

Autobiographisches

Ich wurde 1903 in Motihari, Bengalen, als zweites Kind einer anglo-indischen Familie geboren. Meine Schulbildung erhielt ich teilweise in Eton, von 1917–21, da ich das Glück hatte, ein Stipendium zu bekommen; aber ich arbeitete dort nicht und lernte sehr wenig, und ich habe nicht das Gefühl, daß Eton einen besonders formenden Einfluß auf mein Leben gehabt hat.

Von 1922 bis 1927 diente ich bei der Kaiserlich Indischen Polizeitruppe in Burma. Ich quittierte den Dienst teilweise deswegen, weil das Klima meine Gesundheit ruiniert hatte, teilweise weil ich bereits vage Vorstellungen vom Bücherschreiben hegte, hauptsächlich aber weil ich auf keinen Fall länger einem Imperialismus dienen konnte, den ich inzwischen als einen ziemlich großen Volksbetrug durchschaut hatte. Nachdem ich nach Europa zurückgekehrt war, lebte ich ungefähr anderthalb Jahre in Paris, wo ich Romane und Kurzgeschichten schrieb, die niemand veröffentlichen wollte. Als mein Geld zu Ende ging, erlebte ich einige Jahre recht bitterer Armut, in denen ich unter anderem als Tellerwäscher, Hauslehrer und Lehrer an minderwertigen Privatschulen arbeitete. Ein Jahr oder etwas länger war ich auch als Aushilfskraft in einer Londoner Buchhandlung beschäftigt – eine Arbeit, die ich sehr interessant fand, die jedoch den Nachteil hatte, mich zum Leben in London zu zwingen, was ich verabscheue. So um 1935 war ich in der Lage, von dem zu leben, was ich mit Schreiben verdiente, und gegen Ende dieses Jahres zog ich aufs Land und machte eine kleine Gemischtwarenhandlung auf. Das Geschäft rentierte sich kaum, lehrte mich aber Dinge über dieses Gewerbe, die von Nutzen sein könnten, falls ich je wieder einen Versuch in

7

dieser Richtung unternehmen sollte. Im Sommer 1936 habe ich geheiratet. Ende des Jahres ging ich nach Spanien, um mich am Bürgerkrieg zu beteiligen, und meine Frau folgte mir bald. Ich diente vier Monate bei der POUM-Miliz an der Front von Aragon und wurde ziemlich schwer verwundet, glücklicherweise aber ohne ernsthafte Folgen. Ehrlicherweise kann ich nicht behaupten, daß ich seit dieser Zeit etwas anderes getan habe – mit Ausnahme eines in Marokko verbrachten Winters – als Bücher zu schreiben und Hühner und Gemüse zu züchten.

Was ich in Spanien gesehen und seitdem von der inneren Funktion linker politischer Parteien erfahren habe, hat in mir tiefen Abscheu vor der Politik erweckt. Ich war eine Zeitlang Mitglied der Independent Labour Party, trat aber zu Beginn des gegenwärtigen Krieges wieder aus, weil ich glaubte, daß diese Leute Unsinn redeten und eine politische Richtung verfolgten, die Hitler sein Vorhaben nur erleichtern konnten. Gefühlsmäßig stehe ich eindeutig ›links‹, aber ich bin überzeugt, daß ein Schriftsteller nur ehrlich bleiben kann, wenn er sich von Parteietiketten freihält.

Die Schriftsteller, die ich am meisten schätze und niemals müde werde zu lesen, sind Shakespeare, Swift, Fielding, Dickens, Charles Reade, Samuel Butler, Zola, Flaubert und, was die modernen Schriftsteller betrifft, James Joyce, T. S. Eliot und D. H. Lawrence. Am meisten aber hat mich wohl von allen modernen Schriftstellern Somerset Maugham beeinflußt, den ich wegen seiner Fähigkeit, eine Geschichte gerade heraus und ohne schmückendes Beiwerk zu erzählen, grenzenlos bewundere. Neben meiner eigentlichen Arbeit schätze ich am meisten die Gartenarbeit, und davon besonders den Gemüseanbau. Ich mag die englische Küche und englisches Bier, französischen Rotwein, spanischen Weißwein, indischen Tee, starken Tabak, Kohlenfeuer im Kamin, Kerzenlicht und bequeme Sessel. Dagegen mag ich nicht große Städte, Lärm, Autos, das Radio, Konservenessen, Zentralheizung und ›moderne‹ Möbel. Der Geschmack meiner Frau stimmt fast vollkommen mit dem meinen überein. Um meine Gesundheit steht es miserabel, aber das hat mich nie davon abhalten können, zu tun was ich wollte, mit der bis jetzt einzigen Ausnahme, in dem gegenwärtigen Krieg zu kämpfen. Ich sollte vielleicht noch erwähnen, daß George Orwell nicht mein richtiger Name ist, obschon dieser Bericht über mich selbst nichts als die Wahrheit enthält.

Im Augenblick schreibe ich an keinem Roman, hauptsächlich wegen des durch den Krieg verursachten Durcheinanders. Aber ich plane einen langen, dreiteiligen Roman, den ich entweder *The Lion and the Unicorn* oder *The Quick and the Dead*[1] nennen werde, und ich hoffe, daß ich den ersten Teil irgendwann 1941 fertigstellen kann.

Geschrieben am 17. April 1940

[1] *The Lion and the Unicorn* erschien 1941.

Rückblick auf den Spanischen Krieg

I

Vor allem andern die sinnlichen Erinnerungen: die Geräusche, die Gerüche und das Äußere der Dinge.

Es ist sonderbar, daß mir lebhafter als alles, was später während des Spanischen Krieges kam, die Woche der sogenannten Ausbildung im Gedächtnis geblieben ist, die ich durchmachen mußte, bevor ich an die Front geschickt wurde; die weiträumigen Kavallerie-Baracken in Barcelona mit den zugigen Ställen und den mit Kopfsteinen gepflasterten Höfen, das eiskalte Wasser der Brunnen, in denen man sich wusch, das schlechte Essen, nur durch den Wein aus Krügen erträglich gemacht, die weiblichen Milizsoldaten in Hosen, die Brennholz machten, und der Namensaufruf frühmorgens, bei dem mein prosaischer englischer Name leicht komisch gegen die klangvollen spanischen wirkte, gegen den Manuel Gonzalez, Pedro Aguilar, Ramon Fennellosa, Roque Ballaster, Jaime Domenech, Sebastian Viltron, Ramon Nuvo Bosch. Ich erwähne diese Männer besonders, weil ich mich an das Gesicht jedes einzelnen von ihnen erinnere. Außer zweien, ziemlichen Lumpen und sicher guten Faschisten, dürften alle andern heute tot sein. Der älteste wäre jetzt etwa 25, der jüngste 16.

Eine der wesentlichen Erinnerungen an den Krieg hängt untrennbar mit dem widerwärtigen Gestank menschlichen Ursprungs zusammen. Latrinen sind ein abgedroschenes Thema der Kriegsliteratur, und ich hätte es auch nicht erwähnt, wenn die Latrinen in unseren Baracken nicht ihr Teil dazu beigetragen hätten, meine Illusionen über den Spanischen Bürgerkrieg erheblich herabzumindern. Der südliche Typ der Latrine, mit der man zu kämpfen hat, ist schon schlimm genug, aber unsere waren aus einer Art von poliertem Stein, der so glatt war, daß man die größte Mühe hatte, sich auch nur auf den Füßen zu halten. Dazu kam, daß sie immer verstopft waren. Nun habe ich genug andere abstoßende Dinge in meinem Gedächtnis bewahrt, aber ich glaube, es waren diese Latrinen, die in mir zum ersten Mal den Gedanken aufkommen ließen, der später so oft wiederkehrte: »Hier sind wir, Soldaten einer revolutionären Armee, welche die Demokratie gegen den Faschismus verteidigt, und wir kämpfen in einem Krieg, in dem es offensichtlich *um etwas geht,* um die Umstände, unter denen wir leben, sind so ekelhaft und entwürdigend wie in einem Gefängnis, ganz zu schweigen von einer Armee der Bourgeoise.« Meine Eindrücke wurden später noch durch vieles andere verstärkt, die Langeweile zum Beispiel und der tierische Hunger im Schützengraben, die schmierigen Intrigen um ein bißchen Essen, die zermürbenden Zänkereien von Leuten, die, durch Mangel an Schlaf erschöpft, an Einbildungen litten.

Das wirklich Furchtbare am Leben in einer Armee (wer je Soldat war, weiß, was ich meine) hat im Grunde kaum etwas mit dem Wesen des Krieges zu tun, in dem man zufällig kämpft. Disziplin zum Beispiel ist schließlich in jeder Armee dieselbe. Befehle müssen befolgt und notfalls durch Strafen erzwungen werden, das Verhältnis zwischen Offizieren und Mannschaft ist das Verhältnis zwischen Vorgesetzten und Untergebenen. Das Bild des Krieges, wie er in Büchern wie *Im Westen nichts Neues*[1] geschildert wird, ist im wesentlichen richtig. Geschosse verwunden, Leichen stinken, Männer unter feindlichem Feuer sind oft so von Angst gepackt, daß sie in die Hosen machen. Richtig ist, daß der soziale Hintergrund einer Armee ihr auch sein Gepräge ge-

---

[1] von Erich Maria Remarque, erschienen 1929.

ben wird, ihrer Ausbildung, ihrer Taktik und ihrer Schlagkraft. Und selbstverständlich kann auch das Bewußtsein, für eine gerechte Sache zu kämpfen, die Moral heben, obwohl das mehr für die Zivilbevölkerung gilt als für die Armee. (Es wird immer vergessen, daß ein Soldat irgendwo in Frontnähe viel zu hungrig, von Angst besessen, unter der Kälte leidend, vor allem viel zu müde ist, um sich Gedanken über die politischen Ursachen des Krieges zu machen.) Aber die Naturgesetze sind in einer ›Roten Armee‹ so wenig aufgehoben wie in einer weißen. Eine Laus ist eine Laus und eine Bombe ist eine Bombe, auch wenn die Sache, für die man kämpft, zufällig die gerechte ist.

Warum lohnt es sich, so eingehend über etwas zu reden, das so offensichtlich ist? Weil die Mehrzahl der englischen und amerikanischen Intellektuellen diese Dinge damals offenbar nicht zur Kenntnis nahm, genauso wenig wie heute. Unser Gedächtnis ist kurz geworden, aber man braucht nur ein wenig zurückzuschauen, die alten Nummern von *New Masses* und *Daily Worker* herauszusuchen und einen Blick auf den romantischen, kriegshetzerischen Stuß zu werfen, den unsre Linken zu jener Zeit von sich gaben. Alle die abgestandenen alten Phrasen! Und die phantasielose Hornhäutigkeit! Das ›sang froid‹, mit dem London über die Bombardierung von Madrid hinwegging! Ich will mich hier nicht mit der Gegenpropaganda der Rechten auseinandersetzen, den Lunns, Garwick *et hoc genus*. Das alles versteht sich von selbst. Aber: hier waren die gleichen Leute am Werk, die zwanzig Jahre lang sich nicht genug tun konnten an Spott und Verachtung für den ›Kriegsruhm‹, für Greuelgeschichten, Patriotismus, ja selbst physische Tapferkeit, und die nun einen Blödsinn auftischten, der mit der Änderung von ein paar Namen in den *Daily Mail* von 1918 gepaßt haben würde. Wenn es etwas gab, wozu die englische Intelligenz verpflichtet gewesen wäre, so war es die Verurteilung des Krieges, die These, daß Krieg Leichen und Latrinen bedeutet und niemals zu einem guten Ende führen kann. Nun gut, die gleichen Leute, die 1933 mitleidig lächelten, wenn jemand darauf hinwies, daß er unter bestimmten Umständen für sein Land kämpfen würde, bezeichneten einen 1937 als einen trotzkistischen Faschisten, wenn man bemerkte, daß die Berichte in den *New Masses* über Verwundete, die nichts sehnlicher verlangten, als an die Front zurückgeschickt zu werden, vielleicht übertrieben seien. Und die linke Intelligenz vollzog ihren Umschwung von ›Der Krieg ist die Hölle‹ zu ›Der Krieg ist heldenhaft‹ nicht nur ohne jedes Gefühl für die Unlogik ihrer Haltung, sondern auch ohne jeden Übergang. Später führte der große Haufe dieser Leute ebenso gewaltsame Kehrtwendungen durch. Es muß viele von ihnen gegeben haben, so etwas wie einen harten Kern von Intellektuellen, die 1935 für die ›König und Vaterland‹-Erklärung eintraten, 1937 nach einer ›festen Haltung‹ gegenüber Deutschland schrien, 1940 die ›People's Convention‹ unterstützten und heute eine zweite Front fordern.

Was die breite Masse der Bevölkerung betrifft, so rühren die erstaunlichen Meinungsumschwünge der heutigen Zeit und die Gefühle, die sich auf- und abdrehen lassen wie ein Wasserhahn, von der Suggestivkraft von Zeitung und Radio her. Bei den Intellektuellen, würde ich sagen, hat das mehr mit Geld und der Sorge um die persönliche Sicherheit zu tun. Je nach Lage der Dinge werden sie in einem gegebenen Augenblick ›für den Krieg‹ oder ›gegen den Krieg‹ sein, aber in beiden Fällen fehlt ihnen völlig die reale Vorstellung, was der Krieg ist. Als sie sich für den Spanischen Krieg begeisterten, wußte natürlich jeder, daß dabei Menschen fielen und daß das eine sehr unangenehme Sache war, aber sie meinten, daß das Kriegserlebnis für einen Soldaten in der Republikanischen Armee nichts Herabwürdigendes sei. Die Latrinen stanken irgendwie weniger, die Disziplin war weniger drückend. Man brauchte nur in den *New Sta-*

tesman zu schauen, um festzustellen, daß man das wirklich glaubte. Genau der gleiche Unsinn wird in diesem Augenblick über die ›Rote Armee‹ geschrieben. Wir sind zu zivilisiert geworden, um das Augenscheinliche wahrzunehmen. Denn die Wahrheit ist einfach. Um zu überleben, muß man oft kämpfen, und um zu kämpfen, muß man sich besudeln. Der Krieg ist ein Übel, und er ist manchmal das kleinere. Wer das Schwert ergreift, wird durch das Schwert umkommen, und wer das Schwert nicht ergreift, kommt durch stinkende Krankheiten um. Die Tatsache, daß man eine derart banale Banalität niederschreiben muß, zeigt, was die Jahre des Rentier-Kapitalismus aus uns gemacht haben.

II

In Verbindung mit dem, was ich eben ausgeführt habe, noch eine Randbemerkung über Kriegsgreuel.

Ich habe nur wenig *prima facie* Beweise für Akte der Grausamkeit während des Spanischen Bürgerkrieges. Ich weiß, daß einige von den Republikanern begangen worden sind und sehr viel mehr von der faschistischen Seite (sie werden noch heute begangen). Aber was mich damals wie heute beeindruckt, ist der Umstand, daß Greuel geglaubt oder nicht geglaubt werden, je nach dem politischen Standpunkt. Jeder glaubt an die Grausamkeiten der Feinde und bestreitet die seiner eigenen Seite, ohne sich auch nur die geringste Mühe zu machen, Beweise zu untersuchen. Kürzlich habe ich eine Liste über Greuel zusammengestellt, die in der Zeit zwischen 1918 und heute (1942) begangen worden sind. Es gibt kein Jahr, in dem nicht irgendwo auf der Welt Grausamkeiten verübt wurden, und es gab kaum einen einzigen Fall, an den Linke und Rechte übereinstimmend glaubten. Aber noch sonderbarer – jeden Augenblick kann die Lage plötzlich umschlagen: was gestern eine restlos erwiesene

Greuelgeschichte war, ist über Nacht eine faustdicke Lüge geworden, nur weil sich die politische Landschaft verändert hat.

Im gegenwärtigen Krieg sind wir in der seltsamen Lage, daß unsere ›Greuel-Kampagne‹ schon lange vorher in Szene gesetzt worden ist, und zwar hauptsächlich von den Linken, also Leuten, die für gewöhnlich auf ihre Ungläubigkeit stolz sind. In derselben Zeitspanne starrte die Rechte, also die Greuel-Propagandisten von 1914–18, wie fasziniert auf Nazi-Deutschland und lehnte rundweg ab, irgend etwas Böses darin zu sehen. Kaum war jedoch der Krieg ausgebrochen, als die Nazi-Freunde von gestern wieder Greuel-Geschichten auftischten, während die Nazi-Gegner plötzlich daran zu zweifeln begannen, ob es überhaupt so etwas wie eine GESTAPO gab. Das war jedoch nicht nur das Ergebnis des deutsch-russischen Freundschafts- und Nichtangriffspaktes, sondern hing zum Teil damit zusammen, daß die Linke fälschlicherweise geglaubt hatte, England und Deutschland würden niemals Krieg gegeneinander führen. Das erlaubte ihr, gleichzeitig anti-deutsch und anti-englisch zu sein. Zum Teil hing es auch mit der offiziellen Kriegspropaganda zusammen, die mit ihrer widerwärtigen Heuchelei und Selbstgerechtigkeit denkende Menschen dazu bringt, mit dem Feind zu sympathisieren. Ein Teil des Preises, den wir für die systematische Lügerei von 1914–18 zu zahlen hatten, bestand in der übertrieben prodeutschen Reaktion, die folgte. In den Jahren 1918–33 wurde man in linksgerichteten Kreisen niedergeschrien, wenn man die Ansicht vertrat, daß auch Deutschland zu einem Bruchteil am Krieg schuld sei. In keiner Diskussion über die Erbärmlichkeit des Vertrages von Versailles, die ich in all den Jahren mit anhörte, wurde, wenn ich mich recht erinnere, auch nur ein einziges Mal die Frage aufgeworfen, geschweige denn diskutiert: »Was wäre geschehen, wenn Deutschland gesiegt hätte?« Dasselbe mit den Kriegsgreueln. Die Wahrheit wird zur Unwahrheit, wenn der Feind sich äußert. Kürzlich stellte ich fest, daß die gleichen Leute, die 1937 schlechterdings jede Greuelgeschichte über die Japaner in Nanking schluckten, 1942 rundweg ablehnten, genau die gleichen Geschichten über Hongkong zu glauben. Es bestand sogar eine gewisse Tendenz, Nanking-Greuel, so wie die Dinge lagen, nachträglich für unglaubwürdig zu halten, weil die englische Regierung jetzt die Aufmerksamkeit auf sie lenkte.

Unglücklicherweise sind die wirklichen Kriegsgreuel sehr viel scheußlicher als das, was darüber zusammengelogen wird und was die Propaganda daraus macht. Wahr ist, daß Grausamkeiten begangen werden. Und der Umstand, der so oft für die Unglaubwürdigkeit von Greuelgeschichten angeführt wird, daß sie nämlich immer erst nach Kriegsende auftauchen, macht sie im Gegenteil nur um so wahrscheinlicher. Offenbar entspringen sie weitverbreiteten Phantasievorstellungen, und der Krieg bietet die Möglichkeit, sie in die Praxis umzusetzen. Dabei werden – auch wenn die Behauptung gegenwärtig nicht als richtig gilt – von den sogenannten ›Weißen‹ weit mehr und schlimmere Greuel begangen als von den ›Roten‹. Es besteht zum Beispiel nicht der geringste Zweifel an den Ausschreitungen der Japaner in China. Und ebensowenig kann man an den in den letzten zehn Jahren von Faschisten in Europa begangenen Verbrechen zweifeln. Der Umfang der Beweise dafür ist erdrückend, und ein Großteil stammt aus Presse und Rundfunk in Deutschland. Diese Dinge sind geschehen, das darf man nicht übersehen. Und sie geschahen, obwohl Lord Halifax erklärte, daß sie geschehen seien. Die Verschleppungen und Massenschlächtereien in chinesischen Städten, die Folterungen in den Kellern der GESTAPO, die in Jauchegruben geworfenen, alten jüdischen Professoren, die an spanischen Landstraßen mit Maschinenpistolen niedergemähten Flüchtlinge, das alles ist wirklich geschehen und wäre nicht weniger geschehen, selbst wenn der *Daily Telegraph* es nicht plötzlich entdeckt hätte, fünf Jahre zu spät.

III

Zwei Erinnerungen, von denen die erste nichts besonderes beweist, während ich von der zweiten glaube, daß sie einen gewissen Einblick in die Situation einer revolutionären Zeit gibt.

Eines Morgens in aller Frühe waren ein anderer Mann und ich aufgebrochen, um uns an die faschistischen Schützengräben bei Huesca heranzuschleichen. Ihre und unsere Linien lagen sich etwa in einer Entfernung von dreihundert Yards gegenüber, zu weit, um mit unsern veralteten Gewehren zielsicher schießen zu können. Schlich man sich aber auf hundert Yards heran, so konnte man, wenn man Glück hatte, einen durch eine Lücke in der Verschanzung treffen. Unglücklicherweise war der Boden zwischen beiden Stellungen bis auf ein paar Mulden ein vollkommen ebenes Rübenfeld. Man mußte sich aufmachen, solange es noch dunkel war, und den Rückweg antreten, bevor es hell wurde.

Dieses Mal erschien kein Faschist, und wir blieben zu lange draußen, die Morgendämmerung überraschte uns. Wir lagen in einer Vertiefung, aber hinter uns erstreckten sich bis zu unserm Graben noch etwa zweihundert Yards ebenen Bodens, der kaum einem Kaninchen Deckung bot. Wir waren noch dabei, uns Mut zu einem Sturmlauf nach rückwärts zu machen, als wir in den faschistischen Gräben Lärm und Trillersignale hörten. Ein paar unserer Flugzeuge näherten sich der Stellung. Im gleichen Augenblick sprang ein Mann aus dem Graben, vermutlich um einem Offizier eine Meldung zu machen, und lief in voller Sicht den Grabenrand entlang. Er war nur halb angezogen und hielt im Laufen seine Hosen mit beiden Händen fest.

Ich schoß nicht auf ihn. Um die Wahrheit zu sagen – ich bin kein guter Schütze und hätte einen laufenden Mann auf hundert Yards vermutlich doch nicht getroffen. Gleichzeitig und hauptsächlich war ich in Gedanken damit beschäftigt, unsern Schützengraben zu erreichen, solange die Aufmerksamkeit der Faschisten durch die Flugzeuge in Anspruch genommen war. Schließlich kam noch etwas dazu – ich schoß nicht wegen der Hosen. Ich war nach Spanien gegangen, um auf ›Faschisten‹ zu schießen, aber ein Mann, der seine Hosen festhalten mußte, war kein ›Faschist‹, sondern offensichtlich ein Mitmensch, mir gleich, und mir war nicht danach, auf ihn zu schießen.

Was beweist dieser Vorgang? Nicht sehr viel, denn so etwas kann jederzeit in einem Krieg vorkommen.

Das zweite Vorkommnis ist anders. Ich nehme nicht an, daß es meinen Leser stärker berühren wird, ich bitte ihn nur, mir zu glauben, daß es auf mich einen tiefen Eindruck gemacht hat, weil es für die moralische Atmosphäre eines bestimmten Augenblicks der Zeit bezeichnend ist.

Einer der Rekruten, die zu uns stießen, als ich in den Baracken einquartiert war, war ein wild aussehender Junge aus dem Elendsviertel von Barcelona. Er war barfuß und zerlumpt und außergewöhnlich dunkelhäutig. (Ich würde sagen, arabisches Blut.) Er hatte eine Art zu gestikulieren, die man bei keinem Europäer finden würde. So streckte er zum Beispiel beide Arme aus, die Handflächen nach oben, eine Geste, die für Inder bezeichnend ist.

Eines Tages war in meinem Quartier ein kleines Bündel Zigarren gestohlen worden, die man damals noch um ein Spottgeld kaufen konnte. Ziemlich unsinnigerweise erstattete ich dem Offizier Bericht, und prompt meldete sich einer der beiden Lumpenhunde, die ich bereits erwähnt habe, und erklärte, ihm seien fünfundzwanzig Peseten aus seiner Schlafstelle gestohlen worden. Aus mir nicht erklärlichen Gründen entschied der Offizier, der Junge aus Barcelona sei der Dieb. In der Miliz wurde sehr streng gegen Diebstähle vorgegangen, und theoretisch konnte einer deswegen erschossen werden. Der arme Teufel war gleich bereit, sich zur Wachstube führen und dort durchsuchen zu lassen. Am meisten fiel mir auf, daß er nicht einmal seine Unschuld zu beteuern versuchte. Seine fatalistische Haltung verriet die unsägliche Armut, in der er aufgewachsen sein mußte. Der Offizier befahl ihm, sich auszuziehen. Mit einer Demut, die für mich etwas Entsetzliches hatte, legte er seine Kleider ab, bis er nackt war. Dann wurden seine Kleider durchsucht. Natürlich fanden sich weder die Zigarren noch das Geld. Tatsächlich hatte er nichts gestohlen. Am peinlichsten war, daß er nicht weniger beschämt schien, auch nachdem sich seine Unschuld herausgestellt hatte. Am gleichen Abend nahm ich ihn zu einem Film mit und traktierte ihn mit Brandy und Schokolade. Aber auch das – ich meine den Versuch, ein Unrecht mit Geld wiedergutzumachen – war entsetzlich.

Nun gut – einige Wochen später hatte ich an der Front Schwierigkeiten mit den Leuten meiner Abteilung. Zu jener Zeit war ich ›cabo‹ oder Korporal und hatte zwölf Mann unter meinem Kommando. Aus dem Bewegungskrieg war ein Stellungskrieg geworden, es war sehr kalt, und meine Hauptarbeit bestand darin, Wachtposten zu finden, die nicht einschliefen.

Eines Tages weigerte sich plötzlich ein Mann, einen bestimmten Posten zu beziehen, weil dieser, wie er ganz richtig bemerkte, dem feindlichen Feuer ausgesetzt war. Es war ein schwächliches Kerlchen, und ich packte ihn und wollte ihn zu seinem Posten zerren. Das führte bei den übrigen zu einem leidenschaftlichen Proteststurm, da Spanier, wie ich glaube, gegen jede körperliche Berührung empfindlicher sind als wir. Im Nu war ich von einem Kreis schreiender Männer umgeben. »Faschist, Faschist! Laß den Mann los! Hier ist keine Bourgeois-Armee! Faschist!« etc. So gut ich mit meinem schlechten Spanisch konnte, schrie ich zurück, daß

Befehle befolgt werden müßten. Der Aufruhr ging in eine der weitschweifenden Diskussionen über, durch die jede Disziplin in Revolutions-Armeen Schritt für Schritt abgebaut wird. Die einen sagten, ich hätte recht, die andern, ich hätte unrecht. Die Pointe der Sache aber war, daß der eine, der am wärmsten meine Partei nahm, der dunkelhäutige Bursche der Diebstahlsgeschichte war. Sobald er sah, was vor sich ging, bahnte er sich einen Weg in den Kreis und fing an, mich leidenschaftlich zu verteidigen. Mit seinen seltsamen, wilden, indischen Gesten erklärte er: »Er ist der beste Korporal, den wir je gehabt haben.« (No hay cabo como el!) Später beantragte er, in meine Abteilung versetzt zu werden.

Warum rührt mich dieser Vorgang besonders? Weil es unter normalen Umständen unmöglich gewesen wäre, jemals wieder aufrichtig gute Beziehungen zwischen dem Jungen und mir herzustellen. Ihn, wenn auch nicht ausdrücklich, als Dieb verdächtigt zu haben, wäre vermutlich durch die nachträglichen Bemühungen, es wiedergutzumachen, nicht behoben, sondern eher verschlimmert worden. Eine der Auswirkungen eines gesicherten, zivilisierten Lebens besteht in einer ungeheuerlichen Überempfindlichkeit, die alle ursprünglichen Gefühle als abstoßend erscheinen läßt. Großmut ist ebenso peinlich wie Gemeinheit, Dankbarkeit so hassenswert wie Undankbarkeit. Aber im Spanien des Jahres 1936 lebten wir in keiner normalen Zeit. Großmütige Gefühle und große Gesten fallen einem in einer solchen Zeit leichter als in einer normalen. Ich könnte noch von einem Dutzend ähnlicher Vorkommnisse berichten, die nicht unbedingt mitteilenswert, aber in meiner Erinnerung untrennbar mit jener Zeit verknüpft sind, die schäbige Uniform, die revolutionären Plakate mit ihrer fröhlichen Buntheit, der allgemeine Gebrauch des Wortes ›Genosse‹, die anti-faschistischen Gedichte auf schlechtem Papier, die für einen Penny feilgeboten wurden, die Schlagworte wie ›internationale proletarische Solidarität«, die von ahnungslosen Menschen pathetisch wiederholt wurden, weil sie glaubten, sie müßten auch etwas bedeuten. Konnte man sich freundlich jemandem gegenüber benehmen und in einem Streit sogar dessen Partei ergreifen, nachdem man in seiner Gegenwart schamlos nach Dingen durchsucht worden war, die man ihm angeblich gestohlen haben sollte? Nein, man konnte es nicht, und dennoch war es denkbar, wenn beide etwas erlebt hatten, das zu einer Erweiterung ihrer Gefühlswelt geführt hatte. Das ist so ein Nebenprodukt der Revolution, obwohl man damals nur vom Beginn einer Revolution sprechen konnte und ihr Scheitern mit Sicherheit vorauszusehen war.

IV

Über die Machtkämpfe zwischen den verschiedenen Parteien der spanischen Republikaner möchte ich nicht sprechen, sie waren unselig und liegen weit zurück. Ich erwähne sie nur, um zu sagen: Glaube nichts, oder so gut wie nichts von dem, was Du über die internen Angelegenheiten der Regierung liest! Von welcher Seite es auch kommt, es ist alles Parteipropaganda, das heißt gelogen. Im großen und ganzen ist die Wahrheit über den Krieg ganz einfach. Die spanische Bourgeoisie sah ihre Chance gekommen, die Arbeiterbewegung zu zerschlagen und nahm sie wahr, mit Unterstützung der Nazis und aller reaktionären Kräfte der ganzen Welt. Es ist fraglich, ob sich jemals mehr darüber wird feststellen lassen. Ich erinnere mich, daß ich einmal zu Arthur Koestler sagte: »Die Geschichtsschreibung hat 1936 ihr Ende gefunden«, worauf er sofort zustimmend mit dem Kopf nickte. Ganz allgemein dachten wir beide an den hereinbrechenden Totalitarismus, im besonderen aber an den Spanischen Bürgerkrieg. Schon früh in meinem Leben hatte ich festgestellt, daß kein Ereignis in einer Zeitung wahrheitsgemäß wiedergegeben wird, aber in Spanien las ich zum ersten Mal Zeitungsberichte, die mit den Tatsachen überhaupt nichts mehr zu tun hatten, nicht einmal soviel wie für gewöhnlich mit einer Lüge verbunden ist. Ich las Berichte über große Schlachten an Orten, wo es nie zu Kämpfen gekommen war, während Kämpfe, bei denen Hunderte gefallen waren, totgeschwiegen wurden. Ich erlebte, daß Soldaten, die sich tapfer geschlagen hatten, als Verräter und Feiglinge beschimpft wurden, und daß Verräter und andere, die nie Pulver gerochen hatten, als Helden nie stattgefundener Schlachten gefeiert wurden. In London sah ich Zeitungen, welche diese Lügen nachdruckten, während beflissene Intellektuelle Ereignisse emotionell übersteigerten, die nur in der Phantasie existierten. Es bestätigte mir, daß Geschichtsschreibung nicht mehr darin besteht, festzuhalten, was sich ereignet hatte, sondern, was sich je nach der ›Parteilinie‹ hätte ereignen sollen. Trotzdem, so abstoßend das alles war, in gewisser Weise war es unwichtig. Es betraf zweitrangige Fragen, wie zum Beispiel den Kampf um die Macht zwischen der Regierung und den spanischen Linksparteien und die Bemühungen der russischen Regierung, eine Revolution in Spanien zu verhindern. Aber das Bild des Krieges, das die spanische Regierung der Welt in großen Umrissen bot, war nicht unwahr. Die wesentlichen Probleme waren wirklich die, die sie nannte. Dagegen konnten die Faschisten und ihre Hintermänner niemals der Wahrheit auch nur annähernd so nahe kommen. Wie hätten sie auch ihre wirklichen Absichten darlegen können? Ihre Version des Krieges war ein reines Phantasieprodukt und hätte unter den gegebenen Umständen auch nichts anderes sein können.

Für die Nazis und Faschisten bestand die einzige Propagandamöglichkeit darin, sich selbst als christliche Patrioten hinzustellen, die Spanien vor einer russischen Diktatur retten wollten. Im Zusammenhang damit gaben sie vor, das

Leben unter der republikanischen Regierung in Spanien sei nichts als ein einziges andauerndes Massaker gewesen (*Catholic Herald* oder *Daily Mail* – aber das war noch ein Kinderspiel gegen die faschistische Presse auf dem Kontinent und die ungeheuer übertriebenen Angaben über das Ausmaß der russischen Intervention). Aus der Riesenpyramide von Lügen, welche die katholische und reaktionäre Presse überall aufgebaut hatte, greife ich nur eine heraus, – die angebliche Anwesenheit einer russischen Armee in Spanien. Ergebene Anhänger Francos glaubten steif und fest daran. Die Schätzungen über die Truppenstärke gingen bis zu einer halben Million Mann. Nun, es gab keine russische Armee in Spanien. Es mag eine Handvoll Flieger und Techniker gegeben haben, im Höchstfall nicht mehr als ein paar Hundert, aber keine Spur von einer Armee. Tausende von Ausländern, die in Spanien gekämpft haben, ganz zu schweigen von den Millionen Spaniern selbst, können das bezeugen. Ihr Zeugnis blieb ohne den geringsten Eindruck auf die Propagandisten Francos, von denen keiner den Fuß auf das unter Kontrolle der Regierung stehende Gebiet gesetzt hatte. Gleichzeitig weigerten sich diese Leute mit äußerster Hartnäckigkeit, die Tatsache einer deutschen und italienischen Unterstützung Francos zuzugeben, obwohl die deutsche und italienische Presse sich ganz offen mit den Heldentaten ihrer ›Legionäre‹ brüstete. Ich habe nur diesen einen Punkt herausgegriffen, aber in Wirklichkeit stand die ganze faschistische Kriegspropaganda auf demselben Niveau.

Diese Art Dinge flößen mir Angst ein, denn ich habe oft das Gefühl, daß der Begriff der objektiven Wahrheit selbst in dieser Welt im Verschwinden ist. Es besteht alle Aussicht, daß ähnliche Lügen in die Geschichte eingehen werden. Wie wird die geschichtliche Beschreibung des Spanischen Bürgerkrieges aussehen? Wenn Franco an der Macht bleibt, wird die Geschichtsschreibung von seinen Beauftragten besorgt, und (um auf mein Beispiel zurückzukommen) die russische

Armee, die es niemals gegeben hat, eine historische Tatsache werden. Nehmen wir aber an, in Spanien würde in absehbarer Zeit der Faschismus endgültig beseitigt und eine Art demokratischen Regimes wieder errichtet werden, wie wird dann die Geschichte des Krieges aussehen? Welche Dokumente wird Franco zurücklassen? Selbst wenn man annimmt, die Dokumentation auf Regierungsseite sei auffindbar – wie wird in diesem Fall der Krieg dargestellt? Denn auch die Regierung arbeitete, wie ich bereits ausgeführt habe, weitgehend mit Lügen. Vom anti-faschistischen Standpunkt aus könnte man eine großenteils wahrheitsgetreue Schilderung des Krieges schreiben, aber es bliebe doch immer eine parteiische Darstellung, die in allen Einzelfragen unzuverlässig wäre. Und doch, nach allem wird *irgendeine* Art von Geschichtsschreibung zustande kommen, und wenn dann alle, für die der Krieg eine lebendige Erinnerung ist, tot sein werden, wird man sie allgemein für gültig halten. Und so wird die Lüge zwangsläufig zur Wahrheit werden.

Ich weiß heute, daß die Ansicht üblich ist, die gesamte Geschichte bestehe sowieso aus Lügen. Es blieb aber unserm Zeitalter vorbehalten, den Glauben an eine wahrheitsgetreue Geschichtsschreibung überhaupt aufzugeben. In früheren Zeiten wurde bewußt gelogen oder die Darstellung unbewußt verfälscht, oder man bemühte sich um die Wahrheit, im Bewußtsein, daß man unausweichlich Irrtümern ausgesetzt war. In jedem Fall aber glaubte man daran, daß es so etwas wie ›die Tatsachen‹ gab, und daß sie sich mehr oder weniger genau feststellen ließen. Und tatsächlich lag immer ein beträchtliches Maß an Tatsachen vor, über deren Echtheit sich so ziemlich alle einig waren. Wenn man zum Beispiel in der *Encyclopaedia Britannica* die Geschichte des letzten Krieges nachliest, so wird man finden, daß ein großer Teil des Materials aus deutschen Quellen stammt. Zwischen einem englischen und einem deutschen Historiker gibt es tiefgehende Meinungsverschiedenheiten auch in grundsätzlichen Fragen. Trotzdem bleibt noch immer jener große Komplex, sagen wir, neutraler Fragen, die für beide nicht strittig sind. Es ist gerade diese gemeinsame Basis mit ihrer übereinstimmenden Auffassung, daß menschliche Wesen ohne Ausnahme ein und derselben Tiergattung angehören, die der Totalitarismus zerstört. Besonders die Ideologie der Nazis stellt in Abrede, daß es so etwas wie ›die Wahrheit‹ gibt. Ebenso wenig gibt es so etwas wie ›Wissenschaft‹. Es gibt eine ›deutsche Wissenschaft‹, eine ›jüdische Wissenschaft‹ etc. Am Ende steht eine gespenstische Welt, in der ein Führer oder sonst eine herrschende Clique nicht nur die Zukunft, sondern auch die *Vergangenheit* kontrolliert. Wenn der Führer in bezug auf irgendein Ereignis bestimmt: »Das hat es nie gegeben« – gut, dann hat es das nie gegeben. Wenn er bestimmt, daß zwei und zwei gleich fünf sind – gut, dann sind zwei und zwei gleich fünf. Diese Aussicht ist für mich erschreckender als Bomben – und nach unsern Erfahrungen der letzten fünf Jahre ist das kein leichtfertig dahergedachter Satz.

Aber vielleicht ist es kindisch oder krankhaft, sich durch Visionen einer totalitären Zukunft in Angst und Schrecken versetzen zu lassen. Bevor man erklärt, daß eine totalitäre Welt ein Alptraum ist, der niemals Wirklichkeit werden kann, sollte man sich erinnern, daß einem im Jahr 1926 die Welt von heute ebenfalls als Alptraum vorgekommen wäre, der nie Wirklichkeit werden könnte. Gegen diese schwankende Phantasmagorie von Welt, in der schwarz morgen weiß, und das Wetter von gestern durch Dekret in ein anderes verwandelt werden kann, gibt es nur zwei Sicherheiten. Die eine ist, daß die Wahrheit, so hartnäckig man sie auch ableugnen mag, nicht zu beseitigen ist, und ihren Weg fortsetzt, als ob sie Dir auf den Fersen folgte und Du sie daher nicht vergewaltigen kannst, nur um die militärische Schlagkraft nicht zu schwächen. Die andere besteht darin, daß sich, solange es auf der Erde noch freie Gebiete gibt, die liberalen Traditionen lebendig erhalten lassen. Läßt man hingegen zu, daß der Faschismus oder möglicherweise sogar eine Kombination mehrerer faschistischer Systeme die ganze Welt erobert, so werden damit auch diese beiden Sicherheiten verschwinden. Wir in England unterschätzen die Gefahr einer solchen Entwicklung, weil uns unsere Tradition und die Geborgenheit unseres früheren Lebens in den sentimentalen Glauben gewiegt haben, daß alles schließlich ein gutes Ende nehmen wird und die Dinge, die man am meisten fürchtet, in Wahrheit nie eintreten. Hunderte von Jahren hindurch mit einer Literatur gefüttert, in der das Gute im letzten Kapitel unabänderlich den Sieg davontrug, glauben wir halb instinktiv, daß das Böse auf die Dauer sich selbst zu Grunde richtet. Aber warum sollte es das? Wo sind die Beweise dafür? Wann und wo ist je ein moderner Industriestaat zusammengebrochen, sofern er nicht von außen mit militärischen Mitteln erobert worden ist? Man nehme zum Beispiel die Wiedereinführung der Sklaverei. Wer hätte sich vor zwanzig Jahren träumen lassen, daß in Europa die Sklaverei wieder eingeführt werden könnte? Dabei ist sie vor unseren Augen wiedererstanden. Die Zwangsarbeitslager in ganz Europa und Nord-Afrika, wo Polen, Russen, Juden und politische Gefangene aller Rassen im Schweiß ihres Angesichts Straßen bauen oder Sümpfe trocken legen müssen für ihre tägliche Ration, sind nichts als Sklavenpferche. Man kann höchstens konstatieren, daß der Kauf und Verkauf von Sklaven durch Einzelpersonen noch nicht erlaubt ist. Andererseits – zum Beispiel das Auseinanderreißen von Familien – sind die Verhältnisse wahrscheinlich schlimmer als seinerzeit auf den amerikanischen Baumwollplantagen. Es besteht kein Grund zur Annahme, daß sich diese Dinge ändern werden, solange es totalitäre Staaten gibt. Wir sind nicht imstande, diese Zustände in ihrer ganzen Bedeutung zu erfassen, weil wir immer noch in dem mystischen Glauben befangen sind, daß ein auf Sklaverei begründetes Staatswesen zusammenbrechen *muß*. Es lohnt sich, die Dauer der auf Sklaverei beruhenden Imperien der Antike mit der eines modernen Staates zu vergleichen. Auf Sklaverei beruhende Zivilisationen haben Zeiträume von viertausend Jahren überdauert.

Was mich am meisten bedrückt, wenn ich an die Antike denke, ist der Umstand, daß diese Hunderte von Millionen Sklaven, auf deren Rücken ganze Zivilisationen generationenlang beruhten, nichts über sich hinterlassen haben. Wir kennen nicht einmal ihre Namen. Wie viele Namen von Sklaven sind einem aus der gesamten griechischen und römischen Geschichte bekannt? Ich weiß nur von zwei oder drei. Der eine ist Spartakus und der andere Epiktet. In dem Saal des Britischen Museums für römische Geschichte befindet sich ferner ein Glaskrug mit der Namensinschrift des Herstellers im Boden: Felix fecit (eines Galliers mit roten Haaren und einer Kette aus Metall um den Hals), aber vielleicht war er gar kein Sklave. Also bleiben nur zwei Namen übrig, die mir mit Sicherheit bekannt sind, es dürfte nur wenige Menschen geben, die sich an mehr erinnern. Alle andern sind im Schweigen der Vergessenheit versunken.

V

Das Rückgrat der Widerstandsbewegung gegen Franco war die spanische Arbeiterklasse, insbesondere die Gewerkschaften der Industriearbeiter. Auf lange Sicht ist es wichtig, sich daran zu erinnern, daß auf die Dauer die Arbeiterklasse der einzig zuverlässige Gegner des Faschismus ist, und zwar einfach deshalb, weil sie am meisten beim Aufbau einer anständigen gesellschaftlichen Ordnung zu gewinnen hat. Im Gegensatz zu anderen Klassen oder Gruppen kann man sie nicht unausgesetzt bestechen.

Das auszusprechen heißt nicht, die Arbeiterklasse zu idealisieren. Auf den langen Kampf, der der russischen Revolution folgte, waren die Werktätigen die Besiegten, und keiner kann leugnen, daß es ihre eigene Schuld war. Von Epoche zu Epoche und von Land zu Land ist die Arbeiterbewegung immer wieder durch offene illegale Gewaltanwendung zerschlagen worden, und ihre Genossen im Ausland, in der Theorie mit ihnen solidarisch verbunden, haben zugesehen und nichts getan. Dieser geheimen Ursache von so viel Verrat lag die Tatsache zugrunde, daß zwischen weißen und farbigen Arbeitern nicht einmal ein Lippenbekenntnis zur Solidarität besteht. Wer ist noch imstande, an ein klassenbewußtes internationales Proletariat nach den Ereignissen der letzten zehn Jahre zu glauben? Der englischen Arbeiterklasse erschien die Abschlachtung ihrer Genossen in Vietnam, Berlin, Madrid oder wo immer, sehr viel weniger interessant und weniger wichtig als das Fußballspiel von gestern. Das ändert nichts daran, daß die Arbeiterklasse, trotz aller Niederlagen, ihren Kampf gegen den Faschismus fortsetzen wird. Ein überraschendes Element bei der Eroberung Frankreichs durch die Nazis war das erstaunliche Versagen der Intellektuellen, einschließlich einiger Vertreter des linken Flügels. Die Intellektuellen sind die Leute, die am meisten gegen den Faschismus wettern. Wenn es aber hart auf hart geht, bricht ein großer Teil von ihnen zusammen und nimmt eine defaitistische Haltung ein. Sie sehen weit genug voraus, um zu begreifen, daß die Chancen gegen sie sind – und außerdem sind sie käuflich. Ganz offensichtlich halten die Nazis es für lohnend, Intellektuelle zu bestechen. Bei der arbeitenden Bevölkerung liegen die Dinge anders. Sie ist nicht schlau genug, um die Machenschaften des Faschismus ihr gegenüber zu durchschauen, und schluckt nur zu willig alle lockenden Versprechungen. Und doch nimmt sie immer, früher oder später, den Kampf wieder auf. Sie muß es tun, weil sie am eigenen Leibe spürt, daß der Faschismus seine Versprechen nicht halten kann. Um die Arbeiter auf die Dauer niederzuhalten, müßten die Faschisten den allgemeinen Lebensstandard heben, was sie nicht können und sicher auch gar nicht beabsichtigen. Der Kampf der Arbeiterklasse ist wie das Wachstum einer Pflanze. Die Pflanze ist blind und unwissend, aber sie weiß genug, um sich aufwärts gegen das Licht zu richten und wird dieses, allen Hindernissen zum Trotz, unablässig tun. Um was kämpft die Arbeiterschaft? Einfach um ein menschenwürdiges Dasein, das, wie ihr immer bewußter wird, technisch möglich ist. Ihre Zielstrebigkeit dabei kommt und geht wie Ebbe und Flut. In Spanien handelte das Volk eine Zeitlang ganz bewußt und bewegte sich auf das angestrebte Ziel zu, in dem Glauben, es erreichen zu können. Das war der Grund für die gehobene Stimmung der Volksmassen im republikanischen Spanien während der ersten Kriegsmonate. Das einfache Volk fühlte zutiefst, daß die Republik sein Freund und Franco sein Feind war. Es wußte, daß die gerechte Sache auf seiner Seite war, weil es für das kämpfte, was die Welt ihm schuldete und imstande war, ihm zu geben.

Daran muß man denken, wenn man den spanischen Krieg in der richtigen Perspektive sehen will. Wenn man an die Grausamkeit und in diesem besonderen Fall an die Intrigen, Verfolgungen, Lügen und Mißverständnisse denkt, liegt die Versuchung nahe, zu sagen: Die eine Seite ist ebensowenig wert wie die andere. Ich bleibe neutral. In Wirklichkeit kann man nicht neutral bleiben, und es gibt keinen solchen Krieg, bei dem es keinen Unterschied macht, wer gewinnt. Fast immer tritt eine Seite mehr oder weniger für den Fortschritt, die andere für die Reaktion ein. Der Haß, den die spanische Republik bei Millionären, Herzögen, Kardinälen, Playboys, Tagedieben und wem sonst noch alles erweckte, wäre an sich schon Beweis genug dafür, wo das Land stand. Im Grunde war es ein Klassenkrieg. Wäre er gewonnen worden, so hätte das die Sache des arbeitenden Volkes auf der ganzen Welt gestärkt. Er ging verloren, und die Aktionäre rieben sich die Hände. Das war es, um was es ging. Alles andere war Schaum auf der Oberfläche.

VI

Der Ausgang des Spanischen Krieges wurde in London, Paris, Rom und Berlin entschieden – jedenfalls nicht in Spanien. Nach dem Sommer 1937 sah jeder, der Augen im Kopf hatte, daß die Regierung gewinnen konnte, es sei denn, ein entscheidender Wandel in der internationalen Lage hätte sie dazu bestimmt, den Krieg fortzusetzen. Negrin und die andern mögen sich zum Teil von der Vorstellung haben beeinflussen lassen, daß der Weltkrieg, der tatsächlich 1939 ausbrach, bereits 38 ausbrechen würde. Die immer wieder angeführte Uneinigkeit im Lager der Regierung war nicht die eigentliche Ursache der Niederlage. Die Regierungsmiliz war überstürzt aufgestellt, schlecht bewaffnet und einfallslos in der operativen Führung. Das wäre genauso gewesen, wenn von Anfang an in der Regierung vollständige politische Einigkeit geherrscht hätte. Bei Kriegsausbruch wußte der durchschnittliche spanische Fabrikarbeiter nicht, wie er ein Gewehr abfeuern sollte (in Spanien hatte es keine allgemeine Wehrpflicht gegeben). Dazu war der traditionelle Pazifismus der Linken ein großes Hindernis. Die Tausende von Ausländern, die in Spanien dienten, stellten eine gute Infanterie, aber es gab kaum Spezialisten irgendwelcher Art unter ihnen. Die Trotzkistische These, der Krieg wäre sicher gewonnen worden, wenn die Revolution nicht sabotiert worden wäre, ist vermutlich falsch. Durch die Verstaatlichung aller Betriebe, die Zerstörung von Kirchen und die Herausgabe von revolutionären Manifesten wären die Armeen nicht schlagkräftiger geworden. Die Faschisten blieben Sieger, weil sie stärker waren, über moderne Waffen verfügten, die die andern nicht hatten.

30

Das war auch nicht durch eine andere politische Strategie zu ändern.

Das Erstaunlichste während des Spanischen Krieges war das Verhalten der Großmächte. Der Krieg wurde für Franco von den Deutschen und Italienern gewonnen, bei denen der Beweggrund auf der Hand lag. In bezug auf Frankreich und England sind die Motive ihres Verhaltens weniger leicht verständlich. 1936 war jedem klar, daß eine englische Unterstützung der republikanischen Regierung in Form von Waffenlieferungen für ein paar Millionen Pfund zum Zusammenbruch Francos und zu einer durchgreifenden Änderung der deutschen Strategie geführt hätte. Man brauchte damals kein Hellseher zu sein, um vorauszusagen, daß es zum Krieg zwischen England und Deutschland kommen würde. Man hätte sogar so weit gehen können zu sagen, daß es in einem oder zwei Jahren soweit wäre. Aber die herrschende Klasse in England tat in der gemeinsten, feigsten und heuchlerischsten Weise alles, um Spanien an Franco und die Nazis auszuliefern. Warum? Die Antwort ist einfach – weil sie pro-faschistisch war. Daran besteht kein Zweifel, und doch, als es dann zu der endgültigen Auseinandersetzung kam, hat sich England für den Kampf gegen Deutschland entschieden. Es ist noch immer unklar, welchen Plan England verfolgte, als es Franco stützte, und vielleicht gab es überhaupt keinen festen Plan. Ob die herrschende Klasse in England bösartig oder nur dumm ist, das ist eine der schwierigsten Fragen unserer Zeit und in bestimmten Augenblicken eine der wichtigsten.

Was die Russen betrifft, so waren ihre Motive im Spanischen Krieg völlig undurchsichtig. Haben sie, wie Schwachköpfe glauben, eingegriffen, um die Demokratie zu verteidigen und die Nazis zurückzudrängen? Warum haben sie dann ihre Unterstützung auf ein so schäbiges Maß beschränkt und schließlich Spanien seinem Schicksal überlassen? Oder haben sie, wie die Katholiken behaupten, eingegriffen, um in Spanien die Revolution zu schüren? Warum aber haben sie dann alles in ihrer Macht Stehende getan, um die spanische revolutionäre Bewegung zu zerschlagen, das Privateigentum zu schützen und den Mittelstand, den Feind der Arbeiterklasse, an die Macht zu bringen? Oder stimmt, was die Trotzkisten behaupten, daß die Russen in Spanien nur einfach deshalb eingegriffen haben, um den Ausbruch einer echten Revolution zu *verhindern*? Warum haben sie dann nicht gleich Franco unterstützt? Tatsächlich läßt sich ihr Verhalten sehr einfach erklären, wenn man annimmt, daß sie aus verschiedenen, einander widersprechenden Beweggründen gehandelt haben. Ich glaube, wir werden in Zukunft lernen müssen, daß Stalins Außenpolitik nicht diabolisch schlau, wie immer behauptet wird, sondern in Wirklichkeit opportunistisch und dumm ist.

Auf jeden Fall hat der Spanische Bürgerkrieg gezeigt, daß die Nazis wußten, was sie taten und ihre Gegner nicht. Der Krieg wurde auf einem technisch sehr niedrigen Niveau ausgetragen, und die ganze Strategie war höchst einfach. Die Seite, die modern bewaffnet war, mußte siegen. Die Nazis und die Italiener lieferten ihren faschistischen Freunden diese Waffen, während die westlichen Demokratien und die Russen denen, die ihre Freunde hätten sein müssen, keine Waffen lieferten. So ging die Spanische Republik zugrunde, nachdem sie »gewonnen hatte, was keiner Republik fehlt«.

Ob richtig war, was die gesamte Linke in allen Ländern tat, nämlich die Spanier zu ermutigen, einen Kampf fortzusetzen, den sie nicht gewinnen konnten, ist eine schwer zu beantwortende Frage. Meiner Meinung nach war es sehr richtig, weil ich der Überzeugung bin, daß es, selbst unter dem Gesichtspunkt des Überlebens, besser ist zu kämpfen, als sich kampflos zu ergeben. Die Auswirkungen auf die große Strategie im Kampf gegen den Faschismus lassen sich noch nicht übersehen. Die zerlumpten, waffenlosen Armeen der Republik haben zweieinhalb Jahre ausgehalten, sehr

viel länger also, als ihre Gegner erwartet hatten. Aber ob
das den faschistischen Zeitplan in Unordnung gebracht hat
oder lediglich den großen Krieg hinausschob und dadurch
den Nazis zusätzlich Zeit gab, ihre Kriegsmaschinerie auf
den höchsten Stand zu bringen, bleibt offen.

VII

Ich kann nie an den Spanischen Krieg denken, ohne daß mir
zwei Vorfälle in den Sinn kommen. Der eine bezieht sich
auf den Samariter im Hospital von Lerida und der andere
auf die traurigen Stimmen der verwundeten Milizionäre,
die ein Lied mit folgendem End-Refrain sangen:

Una resolucion
Luchar hast' al fin!

Ja, sie hatten bis zum Ende tapfer gekämpft. Die letzten
achtzehn Kriegsmonate haben die republikanischen Armeen
fast ohne Zigaretten im Feld gestanden und mit verdammt
wenig zu essen. Als ich Mitte 1937 Spanien verließ, waren
Brot und Fleisch knapp, Tabak eine Seltenheit und Kaffee
und Zucker so gut wie nicht zu haben.

Die zweite Erinnerung gilt dem italienischen Milizsoldaten, der mir am Tage, als ich in die Miliz eintrat, in der
Wachstube die Hand schüttelte. Ich habe über diesen Mann
am Anfang meines Buches über den Spanischen Bürgerkrieg[1]
geschrieben und will nicht wiederholen, was ich dort gesagt
habe. Wenn ich mich an seine schäbige Uniform und sein
stolzes, leidenschaftliches, unschuldiges Gesicht erinnere –
mein Gott, wie lebhaft –, verblassen alle die vielfältigen
Nebenfragen des Krieges, und ich sehe klar, daß es trotz aller Machtpolitik und journalistischen Lügen keinen Zweifel
geben kann, wer im Recht war. Die zentrale Frage des

---

[1] *Homage to Catalonia (Mein Katalonien)*, erschienen 1938.

33

Krieges war der Versuch, Menschen wie jenem ein anständiges Dasein zu erkämpfen, auf das der Mensch ein angeborenes Recht hat. Es fällt einem schwer, an das wahrscheinliche Ende des Mannes ohne tiefe Bitterkeit zu denken. Als ich ihn damals in den Lenin-Baracken traf, war er vermutlich Trotzkist oder Anarchist, und solche Leute werden unter den besonderen Zeitumständen, wenn nicht von der Gestapo, dann von der GPU umgebracht. Das berührt die Grundfrage auf lange Sicht nicht. Das Gesicht eines Mannes, das ich nur eine oder zwei Minuten gesehen habe, steht vor meinen Augen als lebendige Mahnung, um was es in diesem Krieg wirklich ging. Es ist mir ein Symbol für die Blüte der europäischen Arbeiterklasse, alle diejenigen, die von der Polizei aller Länder gejagt, die Massengräber der spanischen Schlachtfelder füllt und heute zu Millionen in Zwangsarbeitslagern verfault.

Wenn man an all die Menschen denkt, die den Faschismus unterstützen, so ist man immer wieder überrascht über ihre Verschiedenartigkeit. Was für ein zusammengewürfelter Haufen. Man stelle sich das Programm vor, das wenigstens eine Zeitlang Hitler, Pavelich, Montagu Norman, Pétain, William Randolph Hearst, Streicher, Buchman, Ezra Pound, Juan March, Thyssen, Cocteau, Father Coughlin, den Mufti von Jerusalem, Arnold Lunn, Antonescu, Spengler, Beverly Nichols, Lady Houston und Marinetti alle in dasselbe Boot zu bringen imstande war. Es sind alles Leute, die etwas zu verlieren haben, oder Leute, die sich nach einer hierarchischen Gesellschaftsordnung sehnen und sich vor der Aussicht auf eine Welt freier und gleicher Menschen fürchten. Was bestimmte Leute über das ›gottlose‹ Rußland oder den ›Materialismus‹ der Arbeiterklasse faseln, verrät ganz einfach den Wunsch, sich das Geld oder die Privilegien zu erhalten. Dasselbe gilt, auch wenn es ein Körnchen Wahrheit enthält, für das Gerede über die Wertlosigkeit eines ›sozialen gesellschaftlichen Wiederaufbaus‹ ohne eine ›Änderung des Herzens‹. Die Frommen, vom Papst bis zu den kalifornischen Yohis, legen größten Wert auf die ›Änderung des Herzens‹, weil er von ihrem Standpunkt aus mit weniger Risiko verbunden ist als eine Änderung des Wirtschaftssystems. Pétain schreibt die Schuld an dem Zusammenbruch Frankreichs »der Vergnügungssucht der breiten Massen« zu. Man sieht das erst im richtigen Licht, wenn man sich nicht darüber wundert, wie vergnügungsreich das Leben der breiten Massen der französischen Bauern oder Werktätigen im Vergleich zu Pétains ist. Welch verdammte Unverschämtheit dieser Politiker, Geistlicher, Literaten und was sonst noch für Leuten, die einen Sozialisten der Arbeiterklasse wegen ›seines Materialismus‹ abkanzeln. Alles, was der Werktätige verlangt, ist das, was diese Herrschaften als das ›unbedingt erforderliche Lebensminimum‹ bezeichnen, ohne welches das Dasein des Menschen überhaupt nicht denkbar ist. Genug zu essen, Befreiung von der drückenden Angst vor der Arbeitslosigkeit, die Gewißheit, daß ihre Kinder eines Tages eine anständige Chance im Leben haben, täglich einmal ein Bad, oft genug saubere Wäsche, ein Dach, durch das es nicht durchregnet und eine Verkürzung der Arbeitszeit, so daß man abends noch über ein bißchen Energie verfügt. Keiner von denen, die gegen den ›Materialismus‹ wettern, würde ein Leben ohne diese Dinge für lebenswert halten. Und wie leicht ließe sich dies Minimum schaffen, wenn wir auch nur zwanzig Jahre lang unsere Aufmerksamkeit darauf richten würden. Den Lebensstandard der gesamten Welt auf das Niveau des englischen zu bringen, wäre kein größeres Unternehmen als der Krieg, den wir gegenwärtig führen. Ich behaupte nicht, und mir ist nicht bekannt, daß sonst jemand es tut, daß damit alles an sich bereits gelöst wäre. Es geht mir nur darum, daß Entbehrung und Knochenarbeit abgeschafft sein müssen, ehe man an die eigentlich menschlichen Probleme herangehen kann. Das größte unter ihnen ist heutzutage der Verfall des Glaubens an die persönliche Unsterblichkeit. Damit kann man sich nicht auseinandersetzen, solange menschliche Wesen sich wie Ochsen abschinden oder vor einer Geheimpolizei zittern müssen. Wie recht hat die Arbeiterklasse mit ihrem Materialismus! Wie richtig ist ihre Überzeugung, daß erst der Bauch und dann die Seele kommt, nicht hinsichtlich ihres Stellenwertes, aber in der zeitlichen Reihenfolge. Das muß man begreifen, und all das Furchtbare, dem wir unterworfen sind, wird zum mindesten verständlich. Alle Einwände, die geeignet sind, einen zum Nachgeben zu verleiten – die Sirenentöne eines Pétain oder Ghandi, die unausweichliche Tatsache, daß man, um zu kämpfen, sich erniedrigen muß, die moralisch fragwürdige Haltung Englands mit seinen demokratischen Phrasen und seinem Kuli-Empire, die düstere Entwicklung in Sowjet-Rußland, die Schmierenkomödie der linken Politik, das alles fällt in sich zusammen, und man sieht nur den Kampf des langsam erwachenden Volkes gegen die Lords des Privateigentums mit ihren gekauften Lügnern und Arschleckern. Die Frage ist sehr einfach. Sollen Menschen wie jener italienische Soldat ein anständiges, volles menschliches Leben führen dürfen, was heute technisch möglich ist, oder nicht? Ich selbst glaube, daß der einfache Mann früher oder später seinen Kampf gewinnen wird, mein Wunsch wäre früher und nicht später – sagen wir, innerhalb der nächsten hundert Jahre und nicht innerhalb der nächsten zehntausend Jahre. Darum ist es im Spanischen Bürgerkrieg in Wahrheit gegangen, und darum geht es auch in diesem Krieg und in den vielleicht noch kommenden.

Den italienischen Milizsoldaten habe ich nie wieder gesehen, ich habe auch nie erfahren, wie er hieß. Es dürfte ziemlich sicher sein, daß er gefallen ist.

Fast zwei Jahre später, als der Krieg offensichtlich verloren war, schrieb ich die folgenden Verse zu seinem Gedächtnis:

The Italian soldier shook my hand
Beside the guard-room table;

36

The strong hand and the subtle hand
Whose palms are only able

To meet within the sounds of guns,
But oh! what peace I knew then
In gazing on this battered face
Purer than any woman's!

For the flyblown words that make me spew
Still in his ears were holy,
And he was born knowing what I had learned
Out of books and slowly.

The treacherous guns had told their tale
And we both had bought it,
But my gold brick was made of gold –
Oh! who ever would have thought it?

Good luck go with you, Italian soldier!
But luck is not for the brave;
What would the world give back to you?
Always less than you gave.

Between the shadow and the ghost,
Between the white and the red,
Between the bullet and the lie,
Where would hide your head?

For where is Manuel Gonzales,
And where is Pedro Aguilar,
And where is Ramon Fenellosa?
The earthworms know where they are.

Your name and your deeds were forgotten
Before your bones were dry,

And the lie that slew you is buried
Under a deeper lie;

But the thing that I saw in your face
No power can disinherit:
No bomb that ever burst
Shatters the crystal spirit.

(Der italienische Soldat schüttelte mir die Hand neben dem Tisch des Wachraums; die starke und die feine Hand, deren Daumen sich nur im Gewehrfeuer treffen können. Aber ach! welch einen Frieden gab es mir, in dieses zerschlagene Gesicht zu schauen, reiner als nur je das Gesicht einer Frau! Denn die abgestandenen Worte, die mich speien machen, sind noch heilig in seinen Ohren, und er wußte schon bei der Geburt, was ich erst langsam aus Büchern lernte. Die verräterischen Gewehre hatten ihre Geschichte erzählt, und wir hatten sie beide geschluckt, aber ich habe wirklich etwas gewonnen – Oh! wer hätte das jemals geglaubt? Glück sei mit dir, du italienischer Soldat, aber Glück ist nicht für den Tapferen; was würde die Welt dir zurückgeben? Immer weniger als du ihr gabst. Zwischen einem Schatten und einem Geist, zwischen weiß und rot, zwischen der Kugel und der Lüge, wo würdest du deinen Kopf verstecken? Denn wo ist Manuel Gonzales, und wo ist Pedro Aguilar, und wo ist Ramon Fenellosa? Die Regenwürmer wissen es. Dein Name und deine Taten werden vergessen sein, bevor deine Knochen getrocknet sind; und die Lüge, die dich erschlagen hat, ist unter einer noch größeren Lüge begraben. Aber was ich in deinem Gesicht gesehen habe, kann keine Gewalt mir nehmen: keine jemals gezündete Bombe zerreißt den kristallenen Geist.)

Geschrieben 1942, erste vollständige Veröffentlichung in *Such, Such Were the Joys* 1953

Zu Nutz und Frommen der Geistlichkeit: Einige Bemerkungen über Salvador Dali

Autobiographien sind nur glaubwürdig, wenn sie etwas Unschönes zugeben. Jemand, der über sein Leben nur Gutes zu sagen weiß, lügt in den meisten Fällen, weil jedes Leben von innen her gesehen nichts weiter als eine Kette von Niederlagen ist. Andererseits kann selbst das offenkundig unehrlichste Buch (wie zum Beispiel Frank Harris' autobiographische Schriften) unbeabsichtigt ein wahres Bild des Verfassers vermitteln. Zu diesen Büchern gehört das *Leben von Salvador Dali*, kürzlich von *Life* veröffentlicht. Eine ganze Reihe der darin geschilderten Vorgänge sind schlicht erfunden, andere sind abgeändert oder romantisch verbrämt, und wieder andere, und zwar nicht nur die erniedrigenden, werden mit Stillschweigen übergangen, wie überhaupt das ganze ›ordinäre‹ Alltagsleben. Dali ist nach seinem eigenen Eingeständnis ein Narziß, und so ist seine Autobiographie im Grunde ein Striptease in rosa Beleuchtung. Aber in bezug auf Phantasie und Perversion des Instinkts, ermöglicht durch unser Maschinenzeitalter, hat das Buch einen großen Wert. Beginnen wir also mit einigen Episoden aus Dalis frühester Kindheit. Was davon wirklich wahr und was erfunden ist, spielt kaum eine Rolle. Entscheidend ist, daß es Dinge sind, die Dali *gern* getan hätte.

Als er sechs Jahre alt war, herrschte allgemeine Aufregung über das Wiedererscheinen des Halleyschen Kometen:

»Plötzlich erschien einer der Angestellten aus dem Büro meines Vaters im Flur zum Wohnzimmer und meldete, daß man den Kometen von der Terrasse aus sehen könne ... Beim Durchqueren der Eingangshalle sah ich, wie meine kleine dreijährige Schwester heimlich den Flur entlangkroch. Ich blieb stehen, zögerte einen Augenblick und versetzte ihr dann mit voller Wucht einen Tritt gegen den Kopf wie einem Fußball und lief davon, erfüllt von einer ›irrsinnigen Freude‹ über meinen barbarischen Akt. Aber mein Vater, der hinter mir ging, packte mich, brachte mich in sein Büro, und dort mußte ich zur Strafe bis zum Dinner bleiben.«

Ein Jahr zuvor hatte Dali plötzlich, »wie meine meisten Einfälle kommen«, einen kleinen Jungen von einer Hängebrücke hinuntergestoßen.

Noch von mehreren derartigen Ereignissen wird berichtet, darunter (damals war er neunundzwanzig) ein Zwischenfall, bei dem er ein kleines Mädchen niederschlug und auf ihr herumtrampelte, »bis man sie blutüberströmt vor mir in Sicherheit bringen mußte«.

Mit fünf Jahren etwa kommt ihm eine verwundete Fledermaus zwischen die Finger; er steckt sie in einen Zinneimer. Am nächsten Morgen findet er sie so gut wie tot und von Ameisen übersät, die sie auffressen. Er steckt sie sich in den Mund, samt den Ameisen, und beißt sie halb durch.

Als er halb erwachsen ist, verliebt sich ein Mädchen leidenschaftlich in ihn. Er küßt und liebkost sie, bis sie in äußerster Erregung ist, weigert sich aber, weiterzugehen. Er beschließt, dieses Spiel fünf Jahre fortzusetzen (er nennt es seinen ›Fünfjahresplan‹), genießt ihre Demütigung und das Machtgefühl, das er sich auf diese Weise verschafft. Verschiedentlich erklärt er ihr, daß er sie am Ende des fünften Jahres verlassen werde, als es soweit ist, tut er es auch wirklich.

Noch lange behält er als Erwachsener die Gewohnheit bei, zu onanieren, wobei er offenbar ein besonderes Vergnügen empfindet, es vor einem Spiegel zu tun. Wie es scheint, ist er impotent bei Frauen bis zu seinem dreißigsten Lebensjahr. Als er seine spätere Frau Gala zum ersten Mal trifft, kann er kaum der Versuchung widerstehen, sie in einen Abgrund zu stoßen. Er ist sich darüber klar, daß sie etwas von ihm erwartet. Nach dem ersten Kuß gesteht er es:

»Ich packte Gala an ihren schwarzen Haaren, riß ihren Kopf nach hinten und befahl bebend vor hysterischer Erregung:

›Jetzt erzähl mir, was ich mit dir machen soll. Aber erzähl es mir langsam, sieh mir dabei in die Augen und benutze die unanständigsten und gemeinsten erotischen Ausdrücke, bei denen wir uns am meisten schämen!‹ . . .

Als Gala antwortete, verwandelte sich auch der letzte Schimmer von Lust in den eiskalten Glanz ihrer eigenen Tyrannei:

›Ich will, daß du mich tötest.‹«

Er ist etwas enttäuscht über diese Antwort, denn sie besagte mehr oder weniger das, was er selber gern getan hätte. Er überlegt, ob er sie nicht von dem Glockenturm der Kathedrale von Toledo hinabwerfen soll, nimmt aber davon Abstand.

Im Spanischen Bürgerkrieg vermeidet er peinlich jede Stellungnahme und unternimmt eine Reise nach Italien. Immer mehr fühlt er sich zur Aristokratie hingezogen. Er verkehrt in mondänen Salons, versteht es, reiche Gönner zu finden und wird zusammen mit dem plumpen Viconte de Noailles photographiert, den er als seinen »Maecenas« bezeichnet.

Als der Europäische Krieg immer näher rückt, beschäftigt ihn ausschließlich die Sorge, einen Ort zu finden, wo man eine gute Küche führt und von dem aus man rasch fortkommen kann, sollte es gefährlich werden. Er geht nach Bordeaux, und während der Schlacht um Frankreich flieht er natürlich nach Spanien. Dort bleibt er lange genug, um ein paar anti-revolutionäre Greuelgeschichten aufzuschnappen, dann verschwindet er nach Amerika. Die Geschichte endet in einer Gloriole von Ehrbarkeit. Mit siebenunddreißig Jahren ist Dali ein treuer Ehemann, von seinen Abartigkeiten, zumindest einigen, geheilt, und völlig mit der katholischen Kirche ausgesöhnt. Außerdem verdient er, wie man erfährt, eine ganze Menge Geld.

Trotzdem ist er immer noch auf die Bilder seiner surrealistischen Periode außerordentlich stolz, Bilder mit Bezeichnungen wie *Der große Onanist, Sodomie eines Totenschädels mit einem Konzertflügel* usw. Sie sind überall im Buch reproduziert. Viele von Dalis Zeichnungen sind rein repräsentativ und haben eine gemeinsame Eigenschaft, von der noch die Rede sein wird. Aber an seinen surrealistischen Bildern und Photographien sticht vor allem zweierlei hervor: perverse Sexualität und krankhafte Nekrophilie. Sexuelle Objekte und Symbole – manche davon wie die Stöckelschuhe wohlbekannt, andere, wie die Krücke und die Tasse mit heißer Milch, von Dali erfunden – kehren immer wieder, nicht zu vergessen das unverkennbare Fäkalmotiv. Von seinem Bild ›Le Jeu Lugubre‹ sagt er selber, die mit Exkrementen besudelten Unterhosen seien mit soviel Naturtreue, Liebe und Realistik gemalt, daß sich die ganze kleine Surrealistengruppe angstvoll gefragt habe, ob er etwa Koprophage sei. Dali erklärt dazu mit Bestimmtheit, daß er es *nicht* sei, und daß er es für eine »widerliche« Verirrung halte. Aber damit scheint auch erst die Grenze erreicht, an der sein Interesse für menschliche Exkremente aufhört. Selbst bei der Schilderung eines Erlebnisses, bei dem er eine Frau beobachtete, die im Stehen urinierte, vergaß er nicht das Detail, daß es ihr nicht ganz glückte, und sie ihre Schuhe benäßte. Es ist nicht jedermann gegeben, alle Laster zu besitzen, und so rühmt sich auch Dali, daß er nicht homosexuell sei. Dabei scheint er über ein so reiches Arsenal von Perversitäten zu verfügen, wie man es sich nur wünschen kann.

Sein bemerkenswertester Charakterzug bleibt jedenfalls seine Nekrophilie. Er gibt das selbst offen zu, behauptet jedoch, er sei davon geheilt. Reichlich oft tauchen in seinen Bildern Gesichter von Toten, Totenschädel und Kadaver von Tieren auf, und die Ameisen, die die sterbende Fledermaus auffraßen, kehren unzählige Male wieder. Ein Photo zeigt eine schon stark in Verwesung übergegangene exhumierte Leiche, ein anderes einen verwesten Esel auf Konzert-Flügeln, Teil des surrealistischen Films *Le Chien Andalou*. Auf diese Esel sieht Dali noch immer mit großer Begeisterung zurück.

»Ich erzielte die Verwesung der Esel mit ganzen Töpfen voller klebriger Masse, die ich über sie ausgoß. Ich schnitt ihnen mit einer Schere die Augen heraus und erweiterte die Höhlen. Auf die gleiche Weise riß ich ihnen wild die Mäuler auf, damit die Reihen der entblößten Zähne besser zur Geltung kamen. Ich wollte, obwohl die Esel bereits in Fäulnis übergegangen waren, den Eindruck hervorrufen, als ob sie noch etwas von ihrem eigenen Sterben aus sich herauskotzten, und zwar über die andere Reihe von Zähnen, die aus den Tasten der Flügel bestanden.«

Und schließlich noch das Bild – offenbar eine gestellte Photographie – von dem *Mannequin, in einem Taxi verwesend*. Über das bereits gedunsene Gesicht und die Brüste eines anscheinend toten Mädchens kriechen riesige Schnecken. In der Unterschrift bemerkt Dali, daß es sich um Burgunderschnecken handelt – das heißt die eßbare Sorte.

Natürlich enthüllt das umfangreiche Buch von 400 Seiten im Quartformat mehr, als ich hier habe erwähnen können, aber ich glaube nicht, daß mein Überblick unfair in bezug auf die moralische Atmosphäre und den geistigen Standort ist. Es ist ein Buch, das stinkt. Wenn es möglich wäre, den Seiten eines Buches einen wahrnehmbaren Gestank entströmen zu lassen, dann würde dieses Buch es tun – ein Gedanke übrigens, der Dali gefallen würde, der sich, bevor er das erste Mal um seine zukünftige Frau warb, von oben bis unten mit einer Mischung von in Fischsud aufgebrühtem Ziegenkot einrieb.

Aber dem allen muß man die Tatsache entgegenhalten,

daß er ein Künstler von außergewöhnlicher Begabung ist, der hart arbeitet. Er nimmt, was man nicht vergessen sollte, seine Arbeit ernst, was die peinliche Sorgfalt und Ausführung seiner Werke beweist. Er ist ein Exhibitionist und ein Karrieremacher, aber kein Scharlatan. Er hat fünfzigmal mehr Talent als alle Leute, die sich über seine Moral entrüsten und über seine Bilder lachen. Diese beiden Dinge werfen eine Frage auf, die aus Mangel an einer gemeinsamen Basis selten zu einer wirklichen Diskussion führt.

Tatsächlich handelt es sich hier um einen direkten, offenkundigen Angriff auf alles, was gesund und sittlich ist, und schließlich – da einige von Dalis Bildern zu einer Vergiftung der Phantasie führen wie pornographische Postkarten – auf das Leben selbst. Über das, was Dali getan oder sich nur eingebildet hat, kann man diskutieren, aber in seinen Anschauungen, seinem Charakter fehlt alles, worauf menschlicher Anstand begründet ist. Er ist asozial wie ein Floh. Selbstverständlich sind solche Menschen unerwünscht, und an einer Gesellschaft, in der sie florieren können, ist etwas faul.

Nun, wenn man dieses Buch mit seinen Illustrationen einem Lord Elton, einem Alfred Noyes, den Leitartiklern der *Times* vorlegen würde, die über den ›Niedergang der Intellektuellen‹ frohlocken – kurz, irgendeinem ›empfindlichen‹ kunstfeindlichen Engländer –, bedarf es keiner großen Anstrengung, sich vorzustellen, wie die Reaktion ausfallen würde. Sie würden rundweg ablehnen, in Dalis Werk auch nur den geringsten Wert zu erblicken. Diese Art von Leuten sind außerstande, zu erkennen, daß etwas, was moralisch korrupt ist, künstlerisch wertvoll sein kann, denn sie verlangen von jedem Künstler, daß er ihnen auf die Schulter klopft und ihnen versichert, daß sie sich jedes Nachdenken sparen können. In einer Zeit wie der jetzigen, wo das Informations-Ministerium und der British Council besondere Machtbefugnisse in ihre Hand gelegt haben, können sie sogar gefährlich werden. Ihr Bestreben geht nämlich nicht nur dahin, jedes neuauftauchende Talent zu zermalmen, sondern auch, die Vergangenheit zu kastrieren. Beweis: die neue Hetze gegen die Intellektuellen, die gegenwärtig bei uns wie in Amerika im Gange ist, und nicht nur gegen Joyce, Proust und Lawrence, sondern sogar gegen T. S. Eliot gerichtet ist.

Spricht man aber mit Leuten, die *imstande* wären, Dalis Werk richtig einzuschätzen, so ist die Einstellung in der Regel nicht viel besser. Auf die Bemerkung, daß man Dali zwar für einen brillanten Maler, aber sonst für einen kleinen dreckigen Schwindler halte, sehen die Leute einen an, als ob man aus dem Urwald käme. Sagt man, daß man keine besondere Vorliebe für verwesende Leichen hat, und daß Leute, die so etwas mögen, geistig gestört sein müssen, wird man verdächtigt, kein ästhetisches Gefühl zu besitzen. Weil das ›in einem Taxi verwesende Mannequin‹ kompositorisch gut ist (und das ist es zweifellos), kann das Bild nicht ekelhaft und abstoßend sein.

Wogegen Noyes, Elton etc. erklären, daß auch die Komposition nicht gut sein kann, eben weil das Bild ekelerregend ist.

Zwischen diesen beiden Fehlentscheidungen gibt es keinen Mittelweg; oder doch, es gibt einen Mittelweg, nur hören wir selten etwas davon. Auf der einen Seite ›Kulturbolschewismus‹; auf der anderen Seite (obwohl der Ausdruck aus der Mode gekommen ist) ›l'art pour l'art‹. Obszönität ist ein Thema, über das sich nur sehr schwer diskutieren läßt. Die einen befürchten, man könnte meinen, sie seien schockiert, und die andern, sie seien nicht schockiert und nicht imstande, die Beziehungen zwischen Kunst und Moral zu definieren.

Was die Verteidiger Dalis vorbringen, ist eigentlich eine Art von *Vorrecht des Klerus*. Der Künstler solle der moralischen Gesetze enthoben sein, die für gewöhnliche Menschen bindend sind. Es genügt, das magische Wort ›Kunst‹ auszusprechen, und alles ist o. k.: kleinen Mädchen einen Tritt gegen den Kopf zu versetzen ist o. k. Verwesende Leichen, über die Schnecken kriechen, sind o. k. Selbst ein Film wie *L'Age d'Or* ist o. k.[1] Nicht weniger o. k. ist, daß Dali es sich jahrelang in Frankreich gutgehen läßt, und in dem Augenblick, als Frankreich in Gefahr ist, wie eine Ratte flieht. Solange du so gut malen kannst, daß du anerkannt wirst, wird dir alles andere verziehen.

Sobald man solche Ansichten auf gewöhnliche Verbrechen anwendet, wird man sehen, wie falsch sie sind. In einer Zeit wie der unseren, in der der Künstler sowieso eine außergewöhnliche Erscheinung ist, muß man ihm ein gewisses Maß von Verantwortungslosigkeit zubilligen, wie man es einer Schwangeren gegenüber tut. Trotzdem wird niemand behaupten wollen, daß eine Schwangere ungestraft einen Mord begehen dürfte, sowenig wie ein Künstler, er mag noch so begabt sein. Wenn Shakespeare morgen auf die Erde zurückkehren und sich herausstellen würde, daß sein Hauptvergnügen darin bestände, kleine Mädchen in der Eisenbahn zu überfallen, würden wir auch nicht sagen, er solle sich ja nicht stören lassen, weil er unter Umständen einen zweiten *König Lear* schreiben könnte. Und schließlich, die schlimmsten Verbrechen sind nicht immer die strafwürdigen. Jemand, der nekrophilen Phantasien Beifall zollt, richtet vermutlich ebensoviel Unheil an wie ein Taschendieb auf dem Rennplatz. Man sollte imstande sein, gleichzeitig zwei Dinge im Auge zu behalten – daß Dali als Maler gut und als Mensch widerlich ist. Das eine schließt das andere nicht aus oder berührt es nur in gewissem Sinne. Das erste, was wir von einer Mauer verlangen, ist, daß sie aufrecht

---

[1] Dali erwähnt den Film *L'Age d'Or* und bemerkt, daß die erste öffentliche Aufführung durch Rowdies gesprengt wurde, aber er sagt nicht genau, warum. Henry Miller berichtete, daß der Film Szenen enthielt, die mit großer Deutlichkeit eine Frau während der Verrichtung ihres Stuhlgangs zeigen (Anm. d. Autors).

steht. Steht sie aufrecht, ist es eine gute Mauer. Die Frage, wozu sie dient, ist davon gänzlich unabhängig. Und doch müßte selbst die beste Mauer niedergerissen werden, wenn sie ein Konzentrationslager umschließt. Genauso müßte man sagen können: ›Das ist ein gutes Buch oder ein gutes Bild und sollte öffentlich verbrannt werden.‹ Es sei denn, daß man sich, wenigstens theoretisch, um die Frage herumdrückt, ob der Künstler auch ein Mitglied der bürgerlichen Gesellschaft und ein menschliches Wesen ist.

Das soll anderseits nicht heißen, daß man Dalis Autobiographie oder seine Bilder verbieten müßte. Abgesehen von den obszönen Postkarten, die in Hafenstädten am Mittelmeer feilgeboten werden, ist es immer eine fragwürdige Methode, irgend etwas zu verbieten, und Dalis Schweinereien werfen zum mindesten ein Licht auf den Verfall der kapitalistischen Zivilisation. Was in seinem Fall jedoch dringend erforderlich ist, ist eine Analyse. Es geht nicht so sehr darum, *was* er ist, sondern *warum* er so ist. Es dürfte kein Zweifel daran bestehen, daß er bei aller Intelligenz geistig nicht normal ist und daß seine mutmaßliche Bekehrung ihn nicht geändert hat. Ehrlich reuige Sünder oder Leute, die von ihren Verirrungen geheilt sind, pflegen mit ihren früheren Lastern nicht in dieser selbstgefälligen Weise zu prahlen. Dali ist symptomatisch für eine krank gewordene Welt. Entscheidend ist nicht, ob man ihn auspeitschen oder als Genie feiern sollte, sondern festzustellen, *warum* er sich dieser besonderen Form der Abartigkeit verschrieben hat.

Die Antwort darauf geben vermutlich seine Bilder, und ich bin nicht kompetent, sie zu beurteilen. Aber ich kann auf etwas hinweisen, das vielleicht einen Teil der Frage erklärt. Wenn er nicht surrealistisch malt, verfällt er in den altmodischen, überladenen Stil kurz vor der Jahrhundertwende. Manche seiner Zeichnungen erinnern an Dürer, eine zeigt unverkennbar den Einfluß von Beardsley, und eine andere ist eine deutliche Anlehnung an Blake. Aber der durchgehende Zug ist edwardianisch. Als ich das Buch das erste Mal aufschlug und einen Blick auf die zahllosen Vignetten warf, war ich betroffen von der Ähnlichkeit, die ich mir nicht sofort erklären konnte. Ich sah mir den ornamentalen Leuchter im ersten Teil genauer an. Woran erinnerte er mich? Schließlich kam ich dahinter. Er erinnerte mich an eine große, populäre Ausgabe von Anatole France, ausgiebig illustriert, in englischer Übersetzung, die etwa um 1914 erschienen ist. Jedes Kapitel begann und endete mit einer ornamentalen Zeichnung in diesem Stil. Bei Dalis Leuchter besteht der Fuß aus einer fischähnlichen Kreatur, die einem eigentümlich vertraut vorkommt (anscheinend nach dem Muster eines Delphins), während am andern Ende eine Kerze brennt. Diese Kerze, die in soundso vielen Bildern wiederkehrt, ist ein guter alter Bekannter. Man trifft sie mit denselben malerischen Wachstropfen an der Seite als elektrische Lampen, besonders in Landgasthäusern, die angeblich im Tudor-Stil eingerichtet sind. Diese Leuchter wirken sofort ungemein sentimental. Wie um diesen Eindruck zu verwischen, hat Dali die ganze Seite der Zeichnung mit Tinte bespritzt, allerdings umsonst. Das gleiche wiederholt sich Seite für Seite. Die Zeichnung am Ende von Seite 62 zum Beispiel rückt schon fast in die Nähe von *Peter Pan*. Die Figur auf Seite 224 ist, trotz des wurstförmig ausgezogenen Schädels, die Hexe aus dem Märchenbuch. Das Pferd auf Seite 234 und das Einhorn auf Seite 218 könnten Illustrationen für James Branch Cabell sein. Die Darstellungen femininer Knaben auf den Seiten 97, 100 u. a. vermitteln den gleichen Eindruck. Nimmt man die Schädel, die Ameisen, die Krebse, die Telephone und anderes Beiwerk fort, so ist man unversehens immer wieder in der Welt der Barrie, Rackham, Dunsany und *Where the Rainbow Ends.*

Sonderbarerweise sind einige Ungehörigkeiten aus Dalis Autobiographie mit dieser Epoche verknüpft. Als ich zum Beispiel die Stelle las, die ich zu Beginn zitierte (der Fußtritt gegen den Kopf der kleinen Schwester), wurde mir die gespenstische Ähnlichkeit mit etwas anderem bewußt. Was war das? Natürlich! *Ruthless Rhymes for Heartless Homes*[1] von Harry Graham. Diese Verse waren um etwa 1912 sehr beliebt, und einer davon lautet folgendermaßen:

> Poor little Willy is crying so sore,
> A sad little boy is he,
> For he's broken his little sister's neck
> And he'll have no jam for tea.

(Der arme kleine Willy weint so jämmerlich, er ist ein trauriger kleiner Junge, denn er hat seiner kleinen Schwester das Genick gebrochen, und wird keine Marmelade zum Tee bekommen.)

Das könnte beinahe auf die Dali-Episode hin geschrieben sein. Natürlich kennt Dali seine Schwäche für die edwardianische Zeit, und er schlägt in einer Art ›pastiche‹ Kapital daraus. Er gesteht seine Vorliebe für das Jahr 1900 und erklärt, daß jedes ornamentale Motiv von damals geheimnisvoll, poetisch, erotisch, verrückt, pervers etc. gewesen sei. Tatsächlich impliziert der Begriff ›pastiche‹ normalerweise eine echte Vorliebe für den parodierten Stil. Die intellektuellen Neigungen scheinen, wenn nicht regelmäßig, so doch auffallend häufig von nicht-rationalen, ja kindischen Bedürfnissen gleicher Provenienz begleitet zu werden. Ein Bildhauer ist zum Beispiel an Rundungen und Flächen interessiert, aber gleichzeitig ein Mensch, dem es eine physische Freude bereitet, in Ton oder Stein herumzuwühlen. Ein Ingenieur ist ein Mensch, der Freude am Umgang mit Handwerkszeug, am Geräusch von Dynamos und am Geruch von Öl hat. Ein Psychiater tendiert meistens selbst zu sexuellen Abweichungen. Darwin ist zum Teil deshalb Biologe gewor-

[1] Herzlose Reime für herzlose Heime, deutsch von H. C. Artmann, Zürich 1968.

den, weil er zum Landadel gehörte und Tiere gern hatte. Es kann sein, daß Dalis scheinbar perverser Kult um Gegenstände aus der edwardianischen Epoche (zum Beispiel seine ›Entdeckung‹ der U-Bahn-Eingänge um 1900) einfach das Symptom einer sehr viel tieferen und weniger bewußten Zuneigung ist. So sind die unzähligen Vignetten und sorgfältig nachgeahmten Buchillustrationen, die überall an den Seitenrändern erscheinen, und mit so feierlichen Unterschriften wie *Le Rossignol*, *Le montre* etc. betitelt sind, vielleicht nur zum Teil witzig gemeint. Der kleine Junge in Kniehosen, der ›Diabolo‹ spielt, auf Seite 103, ist ein genaues zeitgenössisches Produkt. Vielleicht hat Dali alle diese Dinge geschaffen, weil er gar nicht anders konnte, weil sie zu der Zeit und dem Stil gehören, zu dem er im Grunde auch gehört.

Wenn das der Fall ist, so sind seine Verirrungen teilweise erklärt. Vielleicht waren sie für ihn die einzige Möglichkeit, sich zu versichern, daß er kein Durchschnitt ist. Die beiden Eigenschaften, die Dali zweifellos besitzt, sind seine malerische Begabung und ein hemmungsloses Geltungsbedürfnis. »Mit sieben Jahren«, berichtet er im ersten Kapitel seines Buches, »wollte ich wie Napoleon werden, und seitdem ist mein Ehrgeiz ständig größer geworden.« Das sagt er natürlich, um zu verblüffen, aber es kann kein Zweifel daran bestehen, daß es sachlich stimmt. Solche Gefühle kennt man zur Genüge.

»Daß ich ein Genie bin«, hat einmal jemand zu mir gesagt, »wußte ich schon längst, bevor ich wußte, in welchem Fach.« Angenommen, jemand besäße nichts anderes als seinen ungeheuren Egoismus und eine Begabung, die nicht höher als bis zu den Ellenbogen reicht; angenommen, daß seine eigentliche Stärke in einem präzisen, akademischen, repräsentativen Stil liegt und es sein eigentliches Metier wäre, wissenschaftliche Bücher zu illustrieren. Wie soll er dann ein Napoleon werden? *Einen* Ausweg gibt es immer:

die *Bösartigkeit*. Man braucht die Leute nur zu schockieren und zu verletzen. Wirf als Fünfjähriger einen kleinen Jungen von einer Brücke, versetze einem alten Doktor einen Schlag mit der Peitsche ins Gesicht oder zerbrich ihm die Brille – oder träume wenigstens davon, so etwas zu machen. Schneide zwanzig Jahre später mit einer Schere toten Eseln die Augen aus. Auf diese Weise kannst du dir immer wie ein Original vorkommen. Und es lohnt sich! Es ist viel weniger gefährlich als wirkliche Verbrechen zu begehen. Bei allen denkbaren Auslassungen in Dalis Biographie – sicher ist, daß er im Gegensatz zu früheren Jahrhunderten für seine Exzentrik straflos ausging. Er ist in der korrupten Welt der zwanziger Jahre aufgewachsen, als intellektuelle Überzüchtung en vogue und jede europäische Hauptstadt voll von reichen Nichtstuern und Aristokraten war, die den Sport und die Politik aufgegeben hatten, um sich als Kunstmäzene zu betätigen.

Wenn man ihnen tote Esel an den Kopf warf, so warfen sie dafür mit Geld zurück. Angst vor Heuschrecken, die noch ein paar Jahrzehnte zuvor nichts weiter als Achselzucken hervorgerufen hätten, wurde plötzlich zu einem interessanten ›Komplex‹, einer Phobie, die sich glänzend ausbeuten ließ.

Und als diese besondere Welt vor den deutschen Armeen zusammenbrach, stand Dali bereits auf dem Sprung nach Amerika. Man konnte dem Ganzen sogar durch seine religiöse Bekehrung die Krone aufsetzen und ohne eine Spur von Reue, mit einem Satz aus den modischen Pariser Salons in Abrahams Schoß landen.

Das dürfte im wesentlichen die ganze Geschichte Dalis sein. Aber warum seine Abirrungen gerade diese besonderen Formen annahmen und warum sich solcher Horror wie verwesende Leichen so leicht an ein versnobtes Publikum verkaufen ließ, das sind Fragen, die ins Reich der Psychologie und der Soziologie gehören. Marxisten machen es sich mit solchen Erscheinungen wie dem Surrealismus leicht. Für sie gehören sie zur ›bourgeoisen Dekadenz‹ (wobei viel Aufhebens von Phrasen wie ›Leichengift‹ und ›Verfall der Klasse von *rentiers*‹ gemacht wird). Soweit, so gut. Aber obwohl dies zweifellos Tatsache ist, stellt es keine Verbindung her. Man fragt sich immer wieder, *warum* Dalis Neigungen ihn zur Nekrophilie hinzogen (und zum Beispiel nicht zur Homosexualität), und *warum* reiche Snobs und Aristokraten gerade seine Bilder kauften, statt auf die Jagd zu gehen und Affären zu haben, wie ihre Großväter. Bloße moralische Entrüstung bringt einen nicht weiter. Ebensowenig kann man sich hinter angeblicher ›Objektivität‹ verschanzen und behaupten, Bilder wie das *In einer Taxe verwesende Mannequin* seien moralisch neutral. Sie sind krankhaft und ekelerregend, und jede Untersuchung hat von dieser Tatsache auszugehen.

Geschrieben 1944. (*Zu Nutz und Frommen der Geistlichkeit* erschien sozusagen als Gespenst im *Saturday Book* von 1944. Das Buch war im Druck, als die Herausgeber, die Herren Hutchinson, beschlossen, den Essay wegen seiner Obszönität nicht zu veröffentlichen. Infolgedessen wurde er aus jedem Exemplar wieder herausgeschnitten, während der Titel aus technischen Gründen im Inhaltsverzeichnis stehenbleiben mußte. Anmerkung des Autors.)

Raffles und Miss Blandish

Fast ein halbes Jahrhundert nach seinem ersten Auftritt ist Raffles, der ›Amateur-Einbrecher‹, noch immer einer der bekanntesten Charaktere der englischen Romanliteratur. Man braucht wenigen Leuten zu erzählen, daß Raffles Kricket für England spielte, eine Junggesellenwohnung im Albany hatte und in Mayfair-Häuser einbrach, die er auch als Gast betrat. Eben deshalb sind er und seine Abenteuer der passende Hintergrund, um eine modernere Kriminalgeschichte wie etwa *No Orchids for Miss Blandish* zu beurteilen. Jede solche Auswahl ist natürlich willkürlich – ich hätte ebensogut Arsène Lupin zum Beispiel nehmen können –, aber jedenfalls gehören *No Orchids* und die Raffleserzählungen zu jener Gruppe von Kriminalgeschichten, die den Verbrecher und nicht den Detektiv ins Rampenlicht rücken. Sie sind aus soziologischen Gründen, im Motiv des verherrlichten Verbrechens, miteinander vergleichbar. *No Orchids* liefert die Version von 1939, Raffles jene von 1900, und mir geht es hier um die ungeheuer verschiedene moralische Atmosphäre der beiden Bücher und um den Wandel der allgemeinen Haltung, der sich möglicherweise darin verrät.

Für uns heute liegt der Charme von *Raffles* zum einen in der Atmosphäre der damaligen Epoche, und zum andern in der technischen Qualität der Geschichten. Hornung war ein sehr gewissenhafter und in seinem Fach sehr begabter Schriftsteller. Wem es auf pure Leistung ankommt, muß dieses Werk bewundern. Das eigentlich dramatische an Raffles aber, was ihn bis heute fast sprichwörtlich gemacht hat (noch vor einigen Wochen nannte ein Richter einen Einbrecher »einen leibhaftigen Raffles«), ist die Tatsache, daß er ein Gentleman ist. Mit Raffles wird uns – und das geht aus zahllosen Dialogfetzen und gelegentlichen Bemerkungen hervor – nicht der anständige Mensch, der auf die schiefe Bahn gekommen ist, vorgestellt, sondern der Lehrer einer höheren Schule, der auf die schiefe Bahn gekommen ist. Er bereut, wenn überhaupt, fast immer die sozialen Folgen; er hat die ›alte Schule‹ entwürdigt, er hat kein Recht mehr auf die ›gute Gesellschaft‹, er hat seinen Amateurstatus verwirkt und ist ein ordinärer Lump geworden. Raffles und Bunny scheinen beide kein besonderes Gefühl dafür zu haben, daß Stehlen an sich schon sträflich ist, obgleich sich Raffles einmal mit der Bemerkung rechtfertigt, daß »die Verteilung des Eigentums ohnehin falsch sei«. Sie halten sich nicht für Sünder, sondern für Abtrünnige oder einfach für Außenseiter. Und das, was die meisten von uns für Moral halten, gilt so sehr auch noch für Raffles, daß wir seine Situation besonders ironisch finden. Ein West-End-Klubmitglied als richtiger Einbrecher! Das ist doch fast eine Geschichte für sich, oder nicht? Aber was, wenn ein Dachdecker oder ein Gemüsehändler ein richtiger Einbrecher wäre? Wäre das allein schon aufregend? Nein – obwohl es dasselbe Motiv wäre, ein Doppelleben, in dem das bürgerliche Ansehen den Verbrecher deckt. Selbst Charles Peace in seinem Predigertalar wirkt weniger heuchlerisch als Raffles in seinem I-Zingari-Blazer.

Natürlich glänzt Raffles in jedem Spiel, aber es paßt besonders gut, daß er am liebsten Kricket spielt. Das läßt nicht nur endlose Vergleiche zwischen seinem Geschick als Werfer und seinem Geschick als Einbrecher zu, sondern hilft auch, die Art seiner Verbrechen genau zu definieren. Kricket ist in Wirklichkeit kein sehr populäres Spiel in England – nicht annähernd so populär wie etwa Fußball –, aber es drückt eine hervorstechende englische Charaktereigenschaft aus: die Neigung nämlich, ›Form‹ oder ›Stil‹ höher zu bewerten als den Erfolg. Jeder wahre Kricketfan kann eine Verteidigung mit zehn Läufen ›besser‹ (d. h. eleganter) finden als eine Verteidigung mit hundert Läufen; und außerdem ist Kricket eines der wenigen Spiele, in dem der Amateur den Profi übertreffen kann. Es ist ein Spiel voll verlorener Hoffnungen und plötzlicher, dramatischer Wendungen, und seine Regeln sind so wenig definiert, daß ihre Interpretation zum Teil in die Moral gehört ...

Weil Kricket lange dauert und ein ziemlich teures Spiel ist, wird es vorwiegend von der Oberschicht gespielt; aber die ganze Nation assoziiert damit Begriffe wie ›formvollendet‹ und ›kein Spielverderber sein‹; Begriffe, die aus dem allgemeinen Bewußtsein verschwunden sind, so wie die alte Regel ›wer am Boden liegt, den tritt man nicht‹ aus dem allgemeinen Bewußtsein verschwunden ist. Es ist kein Spiel des 20. Jahrhunderts, und fast alle modernen Leute verabscheuen es. Die Nazis zum Beispiel gaben sich alle Mühe, das Spiel in Deutschland zu desavouieren, wo es vor und nach dem letzten Krieg (dem Ersten Weltkrieg) eine gewisse Beliebtheit gewonnen hatte. Indem Hornung seinen Raffles als Kricketspieler und Einbrecher auftreten ließ, band er ihm nicht nur eine gute Maske vor; er zeichnete auch den schärfsten für ihn denkbaren moralischen Kontrast.

Raffles ist die Geschichte eines Hochstaplers nicht weniger als die *Great Expectations*[1] und *Le Rouge et Le Noir*[2]; und viel verdankt sie der Unbestimmtheit von Raffles' sozialer Position. Ein schlechterer Autor hätte den Gentleman-Einbrecher als Lord oder mindestens als Baron auftreten lassen. Raffles aber stammt aus der oberen Mittelschicht und kommt in aristokratische Kreise nur wegen seines persönlichen Charmes. »Wir besuchen die Gesellschaft, aber wir gehören nicht dazu«, sagt er gegen Ende des Buches zu Bunny; und: »Sie haben mich wegen meinem Kricket eingela-

---

[1] *Große Erwartungen* von Charles Dickens, erschienen 1860/61.
[2] *Rot und Schwarz* von Stendhal, erschienen 1830.

den«. Bunny und er akzeptieren die Werte der ›Gesellschaft‹ widerspruchslos, und sie würden sich sofort in ihr ansiedeln, wenn sie nur endlich einträgliche Beute machten. Der Ruin, der sie ständig bedroht, ist eben deshalb so schlimm, weil sie nicht sicher ›dazu‹ gehören. Ein Herzog, der im Gefängnis gesessen hat, ist und bleibt ein Herzog, während ein einfacher Bürger, einmal entehrt, für immer aufhört, ›Bürger‹ zu sein. Die Schlußkapitel des Buches, als Raffles nach seiner Entdeckung unter falschem Namen lebt, klingen nach ›Götterdämmerung‹, einer geistigen Atmosphäre, die Kiplings ›Gentlemen Rankers‹ ziemlich ähnelt:

> Yes a trooper of the forces
> Who has run his own six horses! etc.

Von jetzt an gehört Raffles unwiderruflich zum ›Geschlecht der Verdammten‹. Er kann zwar immer noch erfolgreich einbrechen, aber es führt kein Weg zurück ins Paradies, und das heißt zum Piccadilly und in den Marylebone Cricket Club. Der traditionelle Ehrenkodex kennt nur *einen* Weg zur Rehabilitierung, und das ist der Tod auf dem Schlachtfeld. Raffles stirbt im Kampf gegen die Buren (ein erfahrener Leser wird das von Anfang an kommen sehen), und in den Augen seines Schöpfers wie in Bunnys Augen hat er so seine Sünden gebüßt.

Natürlich sind Raffles und Bunny nicht im religiösen Sinne gläubig. Beide haben keine eigentlich sittlichen Maßstäbe, höchstens ein paar Verhaltensregeln, nach denen sie sich halb instinktiv richten. Aber gerade hier bricht der tiefe Graben zwischen der Moral von *Raffles* und *No Orchids* auf. Raffles und Bunny sind Gentlemen, trotz allem, und die wenigen Regeln, die sie haben, dürfen auch nicht verletzt werden. Gewisse Dinge ›tut man nicht‹, und auf die Idee, sie doch zu tun, kommt man kaum. Zum Beispiel wird Raffles keine Gastfreundschaft mißbrauchen. Zwar wird er in dem Haus, wo er eingeladen ist, etwas stehlen, aber bestohlen werden darf nur ein anderer Gast, nicht der Gastgeber. Er will auch nicht zum Mörder werden; er vermeidet Gewalt, wo immer möglich, und verübt seine Einbrüche mit Vorliebe unbewaffnet. Freundschaft hält er heilig, und zu Frauen ist er, wenn auch nicht anständig, so doch höflich. Er nimmt zusätzliche Gefahren in Kauf, wenn es der ›Sportgeist‹ verlangt, ja manchmal sogar aus ästhetischen Gründen. Vor allem aber ist er ungeheuer patriotisch. Er feiert das Diamantenjubiläum (»Sechzig Jahre lang, Bunny, hat uns die absolut beste Königin regiert, die die Welt je gesehen hat«), indem er der Königin per Post einen antiken Goldbecher schickt, den er aus dem Britischen Museum gestohlen hat. Aus teils politischen Motiven stiehlt er die Perle, die der deutsche Kaiser einem britischen Feind schenken will, und als es im Burenkrieg schlecht steht, ist sein einziger Gedanke, an die Front zu kommen. Hier entlarvt er unter Preisgabe seiner Identität einen Spion, und schließlich stirbt er ruhmreich an einer Burenkugel. In dieser Kombination von Verbrechen und Patriotismus ähnelt er fast dem zeitgenössischen Arsène Lupin, der auch mit dem deutschen Kaiser abrechnet und seine sehr schmutzige Vergangenheit in der Fremdenlegion abstreift.

Vor allem aber darf man nicht übersehen, daß Raffles' Verbrechen für moderne Maßstäbe unbedeutend sind. Juwelen im Wert von vierhundert Pfund zu erbeuten, hält er für einen großen Coup. Und obwohl die Geschichten überzeugend gegenständlich und detailliert sind, sind sie sehr wenig sensationell; wenig Leichen, kaum Blut, keine Sexualverbrechen, kein Sadismus, keine Perversionen irgendwelcher Art. Tatsächlich scheint es, als seien die Kriminalgeschichten, jedenfalls die anspruchsvolleren der letzten zwanzig Jahre, entschieden blutrünstiger geworden. Ein paar frühe Detektivgeschichten kommen sogar noch ohne Mord aus. Die Sherlock Holmes Erzählungen sind beispielsweise nicht nur

Mordgeschichten; in manchen geht es noch nicht einmal um strafbare Handlungen. So auch bei John Thorndike, während bei Max Carrado Mordgeschichten in der Minderzahl sind. Seit 1918 aber sind Kriminalgeschichten ohne Mord ausgesprochen selten geworden, während die abstoßendsten Details von Zerstückelung und Leichenfledderei offen ausgemalt werden. Einige Geschichten von Peter Whimsey zum Beispiel verraten ein extrem krankhaftes Interesse an Leichen. Die Erzählungen um Raffles sind, wenn auch aus der Sicht des Verbrechers geschrieben, so doch viel weniger asozial als viele moderne Geschichten, in denen der Detektiv die Hauptrolle spielt. Sie wirken vor allem jungenhaft. Sie gehören zu einer Zeit, als es noch eine verbindliche Moral gab, wenn es auch eine verrückte Moral war. Ihr Schlüsselwort ist: ›Das tut man nicht.‹ Die Linie, die sie zwischen gut und böse ziehen, ist so sinnlos wie ein polynesisches Tabu, wird aber wenigstens wie dieses von allen akzeptiert, und das ist ihr Vorteil.

Soviel von Raffles. Und jetzt ein Kopfsprung in die Kloake. *No Orchids for Miss Blandish* von James Hadley Chase erschien 1939, scheint aber am populärsten im Jahre 1940 gewesen zu sein, während des englisch-deutschen Krieges. Die Hauptlinien der Geschichte sind folgende:

Miss Blandish, die Tochter eines Millionärs, wird von ein paar Gangstern entführt, die fast unmittelbar darauf von einer größeren und besser organisierten Bande überrascht und umgebracht werden. Sie erpressen mit ihr ein Lösegeld und ziehen ihrem Vater eine halbe Million Dollar aus der Tasche. Ursprünglich war geplant, sie sofort nach Erhalt des Lösegelds umzubringen, aber durch einen Zufall bleibt sie am Leben. Unter den Gangstern ist ein junger Mann namens Slim, dessen einziges Lebensglück darin besteht, anderen Leuten ein Messer in den Bauch zu jagen. Als Junge hat er seine Gesellenprüfung gemacht, indem er lebende Tiere mit einer rostigen Schere aufschnitt. Slim ist impotent, hat aber einen Narren an Miss Blandish gefressen. Slims Mutter, der eigentliche Kopf der Bande, sieht hier eine Chance, Slims Impotenz zu kurieren, und sie beschließt, Miss Blandish solange in ihre Obhut zu nehmen, bis Slim sie endlich erfolgreich vergewaltigt hat. Nach viel Anstrengungen und viel Überredung, wobei Miss Blandish auch noch mit dem Gartenschlauch ausgepeitscht wird, kommt die Vergewaltigung zustande. Inzwischen hat der Vater von Miss Blandish einen Privatdetektiv angeheuert, und mit Bestechung und Folterung gelingt es dem Detektiv und der Polizei, die ganze Bande einzukreisen und umzulegen. Slim entkommt zusammen mit Miss Blandish, wird nach einer letzten Vergewaltigung getötet, und der Detektiv bereitet alles vor, um Miss Blandish wieder ihrer Familie zuzuführen. Zu diesem Zeitpunkt hat sie aber bereits soviel Sinn für Slims Zärtlichkeiten entwickelt[1], daß sie sich unfähig fühlt, ohne ihn zu leben und aus dem Fenster eines Wolkenkratzers springt.

Verschiedene andere Punkte müssen beachtet werden, bevor sich die Implikationen dieses Buches voll erfassen lassen. Zunächst einmal hat die Kerngeschichte eine sehr auffällige Ähnlichkeit mit William Faulkners Roman *Sanctuary*[2]. Zweitens ist sie nicht, wie man vermuten könnte, das Werk eines ungebildeten Vielschreibers, sondern ein brillantes Stück Schriftstellerei, mit kaum einem überflüssigen Wort oder einem unpassenden Ton an irgendeiner Stelle. Drittens ist das ganze Buch, Bericht wie Dialoge, in amerikanischer Sprache geschrieben: der Autor, ein Engländer, der (wie ich glaube) nie in den Vereinigten Staaten war, scheint sich geistig vollständig in die amerikanische Unterwelt versetzt zu haben. Viertens wurden von dem Buch

---

[1] Es ist auch eine andere Lesart möglich. Es kann einfach heißen, daß Miss Blandish schwanger ist. Aber meine Interpretation paßt besser zu der allgemeinen Brutalität des Buches (Anm. d. Autors, 1945).
[2] *Die Freistatt*, erschienen 1931.

nach Auskunft des Verlegers nicht weniger als eine halbe Million Exemplare verkauft.

Ich habe die Kerngeschichte bereits skizziert, aber das Thema ist sehr viel abstoßender und brutaler als diese Skizze vermuten läßt. Das Buch enthält acht komplette Morde, eine nicht zu schätzende Zahl beiläufiger Todesfälle und Verwundungen, eine Exhumierung (mit einer ausführlichen Erinnerung an den Leichengestank), das Auspeitschen von Miss Blandish, die Folterung einer anderen Frau mit rotglühenden Zigarettenspitzen, einen Strip-tease-Akt, eine drittklassige Szene unerhörter Grausamkeit und vieles andere mehr. Es setzt sexuell sehr aufgeklärte Leser voraus (in einer Szene zum Beispiel hat ein vermutlich masochistisch veranlagter Gangster einen Orgasmus in dem Augenblick, wo er erstochen wird), und es hält die totale Korruption und Selbstsucht für die selbstverständliche Norm menschlichen Verhaltens. Der Detektiv zum Beispiel ist ein fast ebenso großer Schurke wie die Gangster, und von fast denselben Motiven angetrieben. Wie sie, so ist auch er hinter den ›fünfhundert Mille‹ her. Es ist für das Funktionieren der Geschichte notwendig, daß Mr. Blandish alles für die Rückkehr seiner Tochter tut, aber abgesehen davon finden Dinge wie Zuneigung, Menschlichkeit, Freundschaft oder selbst nur gewöhnliche Höflichkeit hier einfach keinen Eingang. Ausgeschlossen bleibt auch im weitesten Ausmaß normale Sexualität. Letztlich herrscht in der gesamten Geschichte nur ein Motiv: die Jagd nach Macht.

Wohlgemerkt, das ist kein gewöhnliches pornographisches Buch. Anders als die meisten Bücher über sexuellen Sadismus betont dieses die Grausamkeit, nicht das Vergnügen. Slim, der Miss Blandish vergewaltigt, hat ›nasse, sabbernde Lippen‹: das ist abstoßend, und soll es auch sein. Demgegenüber sind die Szenen, die Grausamkeiten an Frauen schildern, vergleichsweise oberflächlich. Die wahren Höhepunkte des Buches sind Grausamkeiten, die von Männern an Männern begangen werden; allem voran das Folterverhör eines Gangsters, Eddie Schultz, der in einen Stuhl gepeitscht und mit Gummiknüppeln auf die Kehle geschlagen wird, und dem mit erneuten Schlägen die Arme gebrochen werden, als er versucht, sich loszureißen. In einem anderen Buch von Mr. Chase, *He Won't Need It Now* wird der Held, der ein sympathischer und sogar edler Charakter sein soll, dabei beschrieben, wie er einem Menschen mit dem Fuß ins Gesicht stampft und, nachdem er ihm den Mund eingetreten hat, noch und noch den Absatz darin herumdreht. Selbst wenn derartige physische Ereignisse ausbleiben – die geistige Atmosphäre dieser Bücher ist immer dieselbe. Ihr einziges Thema ist der Kampf um Macht und der Triumph des Stärkeren über den Schwächeren. Die großen Gangster wischen die kleinen so gnadenlos beiseite, wie der Hecht im Teich die kleinen Fische verschlingt; die Polizei tötet die Verbrecher so grausam wie der Angler den Hecht. Wenn man es zum Schluß mit der Polizei hält, so nur, weil sie besser organisiert und mächtiger ist, weil in Wahrheit das Gesetz mehr hermacht als das Verbrechen. Macht ist Recht: *vae victis.*

Wie bereits erwähnt, fand *No Orchids* die meisten Abnehmer im Jahre 1940, obwohl es als Stück noch etwas länger erfolgreich war. Es gehörte tatsächlich zu den Dingen, womit sich die Leute über die Langeweile des Bombardements hinwegtrösteten. Zu Anfang des Krieges war im *New Yorker* ein Bild von einem kleinen Mann, der auf einen Zeitungskiosk zukommt und an den ausgehängten Zeitungen lauter Schlagzeilen liest wie ›Große Tankerschlacht in Nordfrankreich‹, ›Große Seeschlacht in der Nordsee‹, ›Schwere Luftkämpfe über dem Kanal‹ etc. etc. Der kleine Mann sagt: »Bitte, geben Sie mir Abenteuergeschichten.« Der kleine Mann stand für die betäubten Millionen, für die die Welt der Gangster und Boxkämpfe ›wirklicher‹, ›härter‹ ist als so etwas wie Krieg, Revolution, Erdbeben, Hungersnot und Seuchen. In den Augen eines Lesers von Abenteuergeschichten ist die Beschreibung des Bombenangriffs auf London oder der Kämpfe europäischer Untergrundparteien ›fades Zeug‹. Auf der andern Seite würde ihm irgendeine kleine Revolverschlacht in Chicago mit vielleicht einem halben Dutzend Toten wirklich ›hart‹ vorkommen. Diese geistige Einstellung ist heutzutage außerordentlich weit verbreitet. Ein Soldat räkelt sich in seinem feuchten Graben und vertreibt seine unerträgliche Langeweile – während ein oder zwei Fuß über seinem Kopf die Maschinengewehrschüsse krachen – mit einer amerikanischen Gangstergeschichte. Und warum ist die Geschichte so aufregend? Genau deshalb, weil die Leute sich gegenseitig mit Maschinenpistolen umbringen! Weder der Soldat noch sonst jemand findet das irgendwie merkwürdig. Es gilt als selbstverständlich, daß eine imaginäre Kugel aufregender als eine wirkliche ist.

Die offensichtliche Erklärung ist, daß man im wirklichen Leben gewöhnlich ein passives Opfer ist, während man sich bei der Abenteuergeschichte im Zentrum der Ereignisse vorstellen kann. Aber es hängt mehr daran. Es ist nötig, noch einmal auf die merkwürdige Tatsache hinzuweisen, daß *No Orchids* in der amerikanischen Sprache geschrieben wurde – mit technischen Fehlern vielleicht, aber mit beachtlichem Geschick.

In Amerika gibt es eine enorme Literatur mehr oder weniger ähnlichen Schlages wie *No Orchids*. Ganz abgesehen von den Büchern gibt es noch ein riesiges Angebot an ›Schundliteratur‹, zugeschnitten auf die verschiedensten Arten von Phantasie, aber fast alle mit ganz derselben geistigen Atmosphäre. Einige können schon als reine Pornographie gelten, aber die große Mehrheit ist ganz einfach für Sadisten und Masochisten gedacht. Für drei Pennys wurden diese Dinger in England unter dem Titel *Yank Mags*[1] ver-

---

[1] Angeblich sind sie als Ballast hierher importiert worden, daher der niedrige Preis und das verkrumpelte Aussehen. Seit dem Krieg führen die Schiffe nützlicheren Ballast, wahrscheinlich Kies. (Anm. d. Autors).

kauft, und sie erfreuten sich einer beträchtlichen Popularität, aber als wegen des Krieges der Nachschub ausblieb, kam kein befriedigender Ersatz heraus. Inzwischen gibt es englische Imitationen der ›Schundliteratur‹, aber das sind nur Schatten des Originals. Ebensowenig haben englische Gangsterfilme jemals die Brutalität der amerikanischen erreicht. Und dennoch zeigt der Fall von Mr. Chase, wie weit der amerikanische Einfluß bereits reicht. Nicht nur lebt er selbst ein dauerndes Phantasieleben in der Chicagoer Unterwelt, er kann mit hunderttausenden von Lesern rechnen, die nicht kopfrechnen müssen, wenn von »fünfzig Mille« die Rede ist, und Sätze wie »Johnny war ein Säufer und nur zwei Schritt von der Drehscheibe« auf den ersten Blick verstehen. Offensichtlich gibt es eine Menge Engländer, deren Sprache, und man sollte hinzufügen: moralische Einstellung, teilweise amerikanisiert sind. Denn es gab keinen öffentlichen Protest gegen *No Orchids*. Schließlich wurde das Buch aus dem Verkehr gezogen, aber erst nachträglich, als die Behörden durch ein späteres Werk *(Miss Callaghan Comes to Grief)* auf Mr. Chases Bücher aufmerksam wurden. Nach gelegentlichen Unterhaltungen von damals geurteilt, waren die Obszönitäten von *No Orchids* ein sanfter Nervenkitzel für den gewöhnlichen Leser, der in dem Buch nichts Unerwünschtes sah. Nebenher hatten viele Leute den Eindruck, es handele sich um ein amerikanisches, in England neu aufgelegtes Buch.

Was der gewöhnliche Leser an dem Buch hätte *kritisieren müssen* – und ein paar Jahrzehnte zuvor fast sicher auch kritisiert hätte –, ist die ambivalente Einstellung zum Verbrechen. Aus dem gesamten Buch spricht die Auffassung, daß ein Dasein als Verbrecher nur insofern abstoßend sei, als es sich nicht lohne. Polizist zu sein lohnt mehr, aber es gibt keine moralische Differenz, da die Polizei im Grunde kriminelle Methoden anwendet. In einem Buch wie *He Won't Need it Now* ist der Unterschied zwischen Verbrechen und Verbrechensverhütung praktisch verschwunden. Das ist ein neuer Ausgangspunkt für die englische Sensationsliteratur, in der es bis vor kurzem stets eine scharfe Trennung zwischen Recht und Unrecht, und ein allgemeines Einverständnis darüber gegeben hat, daß im letzten Kapitel die Tugend siegen müsse. Es gibt sehr wenige englische Bücher, die das Verbrechen (das moderne Verbrechen, das heißt: Piraten und Straßenräuber sind etwas Verschiedenes) verherrlichen.

Selbst ein Buch wie *Raffles* wird, wie ich betont habe, noch von mächtigen Tabus regiert, und es wird kein Zweifel daran gelassen, daß Raffles' Verbrechen früher oder später gesühnt werden müssen. In Amerika gibt es eine viel spürbarere Neigung, das Verbrechen in der Literatur wie im Leben zu tolerieren und sogar zu bewundern, solange der Verbrecher erfolgreich ist. Natürlich ist es letztlich eben diese Einstellung, die dem Verbrechen eine derartige Ausweitung erlaubt hat. Über Al Capone sind Bücher geschrieben worden, die sich im Ton kaum von den Büchern unterscheiden, die über Henry Ford, Stalin, Lord Northcliffe und den ganzen Rest der Truppe von ›der Blockhütte bis zum Weißen Haus‹ geschrieben worden sind. Und geht man achtzig Jahre zurück, so sieht man bei Mark Twain eine sehr ähnliche Einstellung zu dem abstoßenden Banditen Slade, dem Helden von achtundzwanzig Morden, und zu westlichen Desperados ganz allgemein. Sie waren erfolgreich, sie ›machten ihre Sache gut‹, deshalb bewunderte er sie.

In einem Buch wie *No Orchids* flieht man nicht einfach wie in den altmodischen Kriminalgeschichten aus einer langweiligen Wirklichkeit in eine imaginäre Welt des Abenteuers. Im Grunde ist daraus eine Flucht ins Verbrechen und in die sexuelle Perversion geworden. Anders als *Raffles* und Sherlock Holmes' Geschichten spricht *No Orchids* den Machtinstinkt an. Andererseits ist die englische Einstellung zum Verbrechen nicht ganz so erhaben über die amerikanische, wie ich den Anschein erweckt haben mag. Sie hat, und hat es besonders seit den letzten zwanzig Jahren, zu viel mit Machtvergötterung zu tun. Ein Autor, der sich daraufhin zu untersuchen lohnt, ist Edgar Wallace, speziell so typische Bücher wie *The Orator* und die Mr. J. G. Reeder-Geschichten. Wallace war einer der ersten Kriminalautoren, die von der traditionellen Figur des Privatdetektivs abrückten und einen Beamten von Scotland Yard zur Hauptfigur machten. Sherlock Holmes ist ein Amateur, der seine Probleme ohne Hilfe – und in den frühen Geschichten sogar gegen den Widerstand – der Polizei löst. Außerdem ist er, wie Lupin, im Grunde ein Intellektueller, sogar ein Wissenschaftler. Er schließt logisch aus beobachteten Tatsachen, und seine Intellektualität wird ständig mit dem Routineverfahren der Polizei kontrastiert. Wallace wandte sich heftig gegen diese, von ihm als solche verstandene Kritik an Scotland Yard, und in mehreren Zeitungsartikeln konnte er sich nicht enthalten, Holmes namentlich zu denunzieren.

Sein eigenes Ideal war der Polizeiinspektor, der die Verbrecher fängt, nicht weil er ein brillanter Kopf ist, sondern weil er zu einer allmächtigen Organisation gehört. Daher die merkwürdige Tatsache, daß in den Geschichten, die für Wallace am charakteristischsten sind, der ›Schlüssel‹ und ›die Folgerung‹ keine Rolle spielen. Stets wird der Verbrecher entweder durch einen unglaublichen Zufall überwältigt, oder weil die Polizei aus unerklärlichen Gründen von dem ganzen Verbrechen bereits vorher weiß. Der Ton der Geschichten macht ganz deutlich, daß die Bewunderung, die Wallace für die Polizei hegt, bloße Bullenvergötzung ist. Ein Scotland-Yard-Detektiv ist das mächtigste Wesen, das er sich vorstellen kann, während er sich den Verbrecher als einen Vogelfreien denkt, demgegenüber alles erlaubt ist, wie bei verurteilten Sklaven im römischen Zirkus. Seine Polizisten benehmen sich viel brutaler als britische Polizisten in Wirklichkeit – sie schlagen grundlos auf die Leute ein, feuern hinter ihren Köpfen Revolver ab, um sie zu erschrecken, und so weiter – und ein paar Geschichten stellen einen erschreckenden intellektuellen Sadismus zur Schau. (Zum Beispiel arrangiert Wallace die Geschichte gern so, daß der Verbrecher am selben Tag gehängt wird, an dem die Heldin heiratet.) Aber es ist Sadismus auf englische Art: das heißt, er ist unbewußt, nach außen ohne Sex, und innerhalb der Gesetzesgrenzen. Die britische Öffentlichkeit duldet eine strenge Kriminalgesetzgebung und hat ein Vergnügen an monströs ungerechten Mordprozessen: aber das ist jedenfalls immer noch besser, als das Verbrechen zu dulden oder zu bewundern. Wenn man schon einen Bullen vergötzen muß, dann besser einen Polizisten als einen Verbrecher. Bis zu einem gewissen Grad wird Wallace noch von dem ›das tut man nicht‹ regiert. In *No Orchids* wird alles ›getan‹, solange es einen an die Macht bringt. Alle Barrieren sind umgestürzt, alle Motive offensichtlich. Chase ist ein schlimmeres Symptom als Wallace, so etwa wie Catch schlimmer als Boxen ist, oder Faschismus schlimmer als kapitalistische Demokratie.

Was sich Chase von William Faulkners *Sanctuary* ausborgte, war nur die Handlung; die geistige Atmosphäre der beiden Bücher ist nicht zu vergleichen. In Wahrheit bedient sich Chase anderer Quellen, diese kleine Anleihe ist nur symbolisch. Symbolisiert wird damit die Vulgarisierung von Ideen, wie sie sich ständig, und wahrscheinlich im Zeitalter des gedruckten Wortes noch schneller, ereignet. Chase ist ein ›Faulkner fürs Volk‹ genannt worden; aber genauer müßte man ihn einen ›Carlyle fürs Volk‹ nennen. Er ist ein populärer Autor – es gibt viele solche Autoren in Amerika, aber in England sind sie immer noch eine Seltenheit –, der das erreicht hat, was die heutige Mode ›Realismus‹ nennt, womit die ›Macht-ist-Recht‹-Doktrin gemeint ist. Das Aufkommen des ›Realismus‹ ist das charakteristische Merkmal unseres eigenen intellektuellen Zeitalters gewesen. Warum es dazu kommen mußte, ist eine verzwickte Frage. Die Querverbindungen zwischen Sadismus, Masochismus, Erfolgsvergötterung, Machtvergötterung, Nationalismus und Totalitarismus sind ein gewaltiger Themenkomplex, der bisher kaum am Rande berührt worden ist und dessen Erwähnung sogar für geschmacklos gehalten wird. Um nur das erste Beispiel zu nennen, das mir in den Sinn kommt: ich glaube, niemand hat jemals auf das sadistische Element in Bernard Shaws Werk hingewiesen, oder gar vermutet, daß dies wahrscheinlich etwas mit Shaws Bewunderung von Diktatoren zu tun hat. Faschismus wird oft leichthin mit Sadismus gleichgesetzt, aber fast immer von Leuten, die an der sklavischsten Verehrung von Stalin nichts auszusetzen finden. Die Wahrheit ist natürlich, daß die zahllosen englischen Intellektuellen, die Stalin in den Arsch kriechen, sich weder von der Minorität unterscheiden, die es mit Hitler oder Mussolini hält, noch von den Effektivitäts-Spezialisten, die in den zwanziger Jahren ›Ellbogen‹, ›Schwung‹, ›Persönlichkeit‹ und ›lerne ein Tiger zu sein‹ predigten, noch von der älteren Intellektuellengeneration, Carlyle, Creasy und dem Rest, der sich vor dem deutschen Militarismus verneigt hat. Sie alle vergöttern Macht und erfolgreiche Grausamkeit. Es ist wichtig zu sehen, daß der Kult um die Macht mit einer Liebe zu Grausamkeit und Bosheit *um ihrer selbst willen* verquickt zu sein pflegt. Ein Tyrann wird um so mehr bewundert, wenn er zufällig auch noch ein blutbeschmierter Verbrecher ist, und aus ›der Zweck heiligt die Mittel‹ wird oft genug in Wahrheit ein ›die Mittel rechtfertigen sich selbst, vorausgesetzt, sie sind schmutzig genug‹. Diese Idee gehört ins Blickfeld all derer, die mit dem Totalitarismus sympathisieren; sie schlägt zum Beispiel auch für die erfreute Reaktion zu Buche, mit der die viele englische Intellektuelle den Nazi-Sowjet-Pakt begrüßten. Es war ein Schritt, der für die UdSSR nur von zweifelhaftem Nutzen sein konnte, aber er war

gänzlich unmoralisch, und aus diesem Grund bewundernswert; Erklärungen dafür, und es gab zahlreiche und selbst
widersprüchliche, konnten später kommen.

Bis vor kurzem waren die charakteristischen Abenteuergeschichten der englisch sprechenden Welt solche, in denen
der Held *gegen Überlegene* ankämpft. Das stimmt durchgängig von Robin Hood bis zu Popeye dem Matrosen.
›Jack der Riesen-Mörder‹ ist vielleicht der fundamentale
Mythos der westlichen Welt, aber um auf dem neuesten
Stand zu sein, müßte man ihn auf den Namen ›Jack der
Zwergen-Mörder‹ umtaufen, und hier gibt es schon eine beträchtliche Literatur, die einem ausdrücklich oder unaus-
drücklich beibringt, daß man es mit den Großen gegen die
Kleinen halten solle. Das meiste von dem, was heutzutage
über Außenpolitik geschrieben wird, ist nur eine Variation
über dieses Thema, und seit einigen Jahrzehnten haben Sätze wie »kein Spielverderber sein«, »Wer am Boden liegt,
den tritt man nicht«, und »Das ist unfair« garantiert jedem
sogenannten Intellektuellen ein Lächeln abgenötigt. Verhältnismäßig neu ist die Beobachtung, daß die akzeptierten
Maßstäbe, nämlich (a) Recht bleibt Recht und Unrecht Unrecht, egal wer gewinnt, und (b) auf Schwäche muß Rücksicht genommen werden, daß diese Maßstäbe auch aus der
gewöhnlichen Literatur verschwinden. Als ich D. H. Law-
rences Romane zum erstenmal las, im Alter von etwa
zwanzig Jahren, verwirrte mich die Tatsache, daß es keinerlei Klassifizierung der Charaktere in ›gut‹ und ›böse‹ zu
geben schien – Lawrence schien mit allen gleichermaßen zu
sympathisieren, und das schien mir so ungewöhnlich, daß
ich das Gefühl hatte, meine anerzogene Haltung zu verlieren. Heutzutage käme niemand auf die Idee, in einem ernsten Roman nach Helden und Schurken zu suchen, aber in
der Trivialliteratur rechnet man immer noch mit einem
scharfen Unterschied zwischen Recht und Unrecht, Legalität
und Illegalität. Im großen und ganzen leben die kleinen

Leute immer noch in der Welt des absolut Guten und Bösen, aus der die Intellektuellen längst ausgebrochen sind. Aber die Popularität von *No Orchids* und den amerikanischen Büchern und Zeitschriften, mit denen es verwandt ist, zeigt, wie schnell die ›Realismus‹-Doktrin an Boden gewinnt.

Verschiedene Leute haben mir nach der Lektüre von *No Orchids* gesagt: »Das ist reiner Faschismus.« Das ist eine richtige Beschreibung, obschon das Buch nicht das geringste mit Politik und sehr wenig mit sozialen oder ökonomischen Problemen zu tun hat. Es hat bloß eben die Beziehung zum Faschismus, die etwa Trollopes Romane zum Kapitalismus des 19. Jahrhunderts haben. Es ist ein dem totalitären Zeitalter angemessener Tagtraum. Mit seiner imaginären Gangsterwelt stellt Chase sozusagen einen Extrakt der modernen politischen Szene dar, in der Dinge wie die Massenbombardierung von Zivilisten, Geiselnahme, Geständniserpressung durch Folterung, Geheimgefängnisse, Exekution ohne Prozeß, Auspeitschen mit Gummiknüppeln, Ertränken in Abwassergruben, systematische Fälschung von Unterlagen und Statistiken, Verrat, Bestechung und Volksverräterei an der Tagesordnung und moralisch neutral, ja sogar bewundernswert sind, wenn sie nur im großen Maßstab und kühn genug ausgeführt werden. Der Durchschnittsmensch ist nicht unmittelbar an Politik interessiert, und wenn er liest, möchte er das, was an Kämpfen in der Welt vorgeht, in eine einfache Geschichte über Individuen übersetzt haben. Er kann sich für Slim und Fenner in einer Weise interessieren, wie es ihm bei der GPU und der GESTAPO nicht möglich wäre. Die Leute vergöttern die Macht in der Form, in der sie sie verstehen können. Ein zwölfjähriger Junge vergöttert Jack Dempsey. Ein Halbstarker in einem Glasgower Slum betet Al Capone an. Ein ehrgeiziger Schüler einer Wirtschaftsschule betet Lord Nuffield an. Ein Leser des *New Statesman* vergöttert Stalin. Die intellektuelle Reife hat ihre Grade, nicht aber die moralische Einstellung. Dreißig Jahre früher hatten die Helden der Trivialliteratur mit den Gangstern und Detektiven von Chase nichts gemein, und die Idole der englischen liberalen Intelligenz waren ebenfalls vergleichsweise sympathische Gestalten. Zwischen Holmes und Fenner auf der einen Seite und Abraham Lincoln und Stalin auf der anderen klafft der gleiche Abgrund.

Man sollte aus dem Erfolg von Chases Buch nicht zuviel schließen. Möglicherweise ist es ein isoliertes Phänomen, hervorgebracht von der mit Brutalität gemischten Langeweile des Krieges. Aber wenn solche Bücher tatsächlich in England heimisch werden sollten, statt bloß ein halbverstandener Import aus Amerika zu bleiben, hätte man guten Grund zum Ekel. Mit *Raffles* als einer Folie für *No Orchids* habe ich absichtlich ein Buch ausgesucht, das nach den Maßstäben seiner Epoche moralisch zweideutig war. Raffles hat, wie ich hervorgehoben habe, nicht eigentlich einen Sittenkodex, nicht eigentlich Religion und sicher kein soziales Bewußtsein. Alles was er hat, ist ein Bündel Reflexe – sozusagen das Nervensystem eines Gentlemans. Versetzt man ihm einen empfindlichen Schlag auf diesen oder jenen Nerv (sie heißen ›Sport‹, ›Kamerad‹, ›König und Heimat‹, und so weiter) so erhält man einen vorhersehbaren Reflex. In Chases Buch gibt es keine Gentlemen und keine Tabus. Es ist die totale Emanzipation, Freud und Machiavelli haben die äußeren Vororte erreicht. Vergleicht man die Schuljungenatmosphäre des einen Buches mit der Grausamkeit und Korruption des anderen, so kann man das Gefühl nicht unterdrücken, daß Arroganz wie Heuchelei ein Scheck auf ein Verhalten ist, dessen Wert von einem sozialen Standpunkt aus unterschätzt worden ist.

Horizon, Oktober 1944

Rache ist sauer

Immer wenn ich etwas von ›Kriegsschuldprozessen‹ lese, ›Bestrafung von Kriegsverbrechern‹ und so weiter, kommt mir die Erinnerung an eine Episode, die ich vor kurzem in diesem Jahr in einem Kriegsgefangenenlager in Süddeutschland erlebt habe.

Ein anderer Korrespondent und ich wurden von einem kleinen Wiener Juden durch das Lager geführt, der bei jener Abteilung der amerikanischen Armee eingestellt worden war, die sich mit dem Verhör der Gefangenen befaßt. Er war ein aufgeweckter, blonder, recht gut aussehender junger Mann von etwa fünfundzwanzig Jahren und politisch so viel besser beschlagen als der amerikanische Durchschnittsoffizier, daß es Freude machte, mit ihm zusammen zu sein. Das Lager befand sich auf einem Flugplatz, und nachdem wir die einzelnen Teile besichtigt hatten, brachte unser Führer uns zu einem Hangar, in dem verschiedene Gefangene, die einer anderen Kategorie angehörten, besonders gründlich ›durchleuchtet‹ wurden.

An dem einen Ende des Hangars lagen ungefähr ein Dutzend Männer in einer Reihe auf dem Zementboden. Das, so wurde uns erklärt, waren SS-Offiziere, die man von den übrigen Gefangenen getrennt hatte. Unter ihnen befand sich ein Mann in schäbiger Zivilkleidung, der einen Arm über sein Gesicht gelegt hatte und anscheinend schlief. Er hatte seltsame und schrecklich deformierte Füße. Beide waren zwar ganz symmetrisch, liefen aber keulenartig zu einer so absonderlichen Kugelform aus, daß sie eher wie Pferde- denn wie Menschenfüße anmuteten. Als wir uns der Gruppe näherten, schien der kleine Jude sich wie unter einem Zwang in einen Zustand der Erregung hineinzusteigern.

»Der ist ein wirkliches Schwein!« sagte er, holte plötzlich mit seinem schweren Armeestiefel aus und versetzte dem ausgestreckt daliegenden Mann einen fürchterlichen Tritt genau gegen die Anschwellung eines seiner deformierten Füße.

»Get up, you swine!« schrie er, als der Mann aus dem Schlaf hochschreckte, und wiederholte diese Aufforderung dann anscheinend noch auf deutsch. Der Gefangene rappelte sich mühsam auf und nahm eine unbeholfene Achtungstellung ein. Mit der gleichen krampfhaften Art, sich in Wut zu steigern – er konnte sich tatsächlich nur mit Mühe beherrschen, nicht von einem Fuß auf den anderen zu tänzeln –, erzählte der Jude uns die Geschichte des Gefangenen. Er war ein ›echter‹ Nazi: seine Partei-Mitgliedsnummer zeigte daß er schon fast von Anfang an dabeigewesen war, und er hatte eine Stellung in der politischen Abteilung der SS, die der eines Generals entsprach. Man konnte ziemlich sicher sein, daß er Konzentrationslager befehligt und Folterungen sowie Erhängungen angeordnet hatte. Kurz gesagt, er repräsentierte alles, wogegen wir in den vergangenen fünf Jahren gekämpft hatten.

Inzwischen betrachtete ich den Mann eingehend. Ganz abgesehen von dem abgerissenen, hungrigen und stoppelbärtigen Aussehen, das ein vor kurzem gefangengenommener Mann gewöhnlich hat, war er ein besonders abstoßendes Exemplar. Dabei sah er jedoch nicht etwa brutal oder in irgendeiner Weise furchterregend aus: lediglich neurotisch und auf niedrige Art intelligent. Seine blassen, unsteten Augen waren von starken Brillengläsern entstellt. Er konnte genausogut ein aus dem Amt entlassener Priester sein, ein von Trunksucht ruinierter Schauspieler oder ein spiritistisches Medium. Ich habe ähnliche Leute in Londoner Herbergen für Obdachlose gesehen und auch im Lesesaal des Britischen Museums. Ganz offensichtlich war er geistesgestört – auf jeden Fall nur bedingt zurechnungsfähig, auch wenn er in diesem Moment genügend beieinander zu sein schien, um sich vor einem weiteren Fußtritt zu fürchten. Und dennoch konnte alles, was der Jude mir über ihn erzählte, wahr sein und war es sicherlich auch! So schrumpfte der Nazi-Folterknecht unserer Vorstellungen, das Ungeheuer in Menschengestalt, gegen das wir so viele Jahre gekämpft hatten, zu diesem erbärmlichen kleinen Wicht zusammen, der offensichtlich nicht so sehr einer Bestrafung als vielmehr einer psychiatrischen Behandlung bedurfte.

Später sahen wir noch weitere Erniedrigungen. Ein anderer SS-Offizier, ein großer, muskulöser Mann, mußte seinen Oberkörper bis zur Hüfte entblößen, um uns seine auf den Unterarm tätowierte Blutgruppennummer zu zeigen; wieder ein anderer wurde gezwungen, uns zu erklären, wie er seine Mitgliedschaft bei der SS abgestritten und mit Lügen versucht hatte, als normaler Soldat der Wehrmacht durchzukommen. Ich fragte mich, ob der Jude wirklich echtes Vergnügen an dieser neugefundenen und von ihm ausgeübten Macht hatte. Und ich kam zu dem Schluß, daß er es nicht wirklich genoß, sondern sich lediglich – wie ein Mann in einem Bordell, oder ein Junge, der seine erste Zigarre raucht, oder ein durch eine Gemäldegalerie latschender Tourist – *vormachte*, daß er Vergnügen daran fände, und sich so benahm, wie er es sich in den Tagen seiner Hilflosigkeit vorgenommen hatte.

Es ist absurd, einen deutschen oder österreichischen Juden dafür zu tadeln, daß er erlittenes Leid den Nazis heimzahlt. Der Himmel weiß, was für eine Rechnung dieser Mann hier zu begleichen haben mochte; höchstwahrscheinlich war seine ganze Familie ermordet worden; und letzten Endes ist selbst ein willkürlicher, harter Fußtritt für einen Gefangenen eine überaus geringe Sache, verglichen mit jenen Greueltaten, die das Hitlerregime begangen hat. Doch diese Szene und vieles andere, was ich in Deutschland sah, haben mir eindringlich vor Augen geführt, daß die ganze

Vorstellung von Vergeltung und Bestrafung eine kindische Traumvorstellung ist. Strenggenommen gibt es so etwas wie Vergeltung oder Rache gar nicht. Rache ist eine Handlung, die man begehen möchte, wenn und weil man machtlos ist: sobald aber dieses Gefühl des Unvermögens beseitigt wird, schwindet auch der Wunsch nach Rache.

Wer wäre nicht 1940 bei dem Gedanken, SS-Offiziere mit Füßen getreten und erniedrigt zu sehen, vor Freude in die Luft gesprungen? Doch wenn dieses Handeln möglich wird, erscheint es einem nur noch pathetisch und widerlich. Als Mussolinis Leichnam öffentlich zur Schau gestellt wurde, soll eine alte Frau, so erzählt man, einen Revolver gezogen und fünf Schüsse mit dem Ausruf: »Die sind für meine fünf Söhne!« hineingefeuert haben. Das ist so eine Geschichte, wie sie die Zeitungen erfinden, aber sie könnte auch wahr sein. Ich frage mich, wieviel Genugtuung die Frau aus diesen fünf Schüssen bezogen hat, von denen sie zweifellos schon jahrelang geträumt hatte. Aber als Voraussetzung dafür, daß sie nahe genug an Mussolini herankommen konnte, um auf ihn zu schießen, mußte er eben erst eine Leiche sein.

Die breite Öffentlichkeit in diesem Lande ist insofern mitverantwortlich für die ungeheuerlichen Friedensbedingungen, die man Deutschland jetzt aufzwingt, weil niemand rechtzeitig im voraus einsehen will, daß die Bestrafung eines Feindes keine Genugtuung verschafft. Wir haben seelenruhig Verbrechen wie die Vertreibung aller Deutschen aus Ostpreußen hingenommen – Verbrechen, die wir in manchen Fällen nicht verhindern, gegen die wir jedoch zumindest hätten protestieren können –, weil die Deutschen uns geärgert und Angst gemacht hatten; und deshalb waren wir sicher, daß wir kein Mitleid mit ihnen haben würden, wenn sie einmal am Boden lägen. Wir verfolgen diese Methode weiter oder lassen sie andere in unserem Namen ausüben, weil wir das unbestimmte Empfinden haben, wir müßten Deutschland unbedingt bestrafen, da wir nun einmal mit diesem Vorsatz dagegen zu Felde gezogen sind. In Wirklichkeit gibt es inzwischen in diesem Lande sehr wenig echten, tiefen Haß gegen Deutschland, und noch weniger glaube ich in der Besatzungsarmee finden zu können. Nur eine Minderheit von Sadisten, die aus irgendeiner Quelle ihre ›Ungeheuerlichkeiten‹ beziehen müssen, haben ein brennendes Interesse an der Hetzjagd auf Kriegsverbrecher und Quislinge und deren Ergreifung. Wenn man den Durchschnittsbürger fragt, welcher Verbrechen Göring, Ribbentrop und die übrigen an ihrem Prozeß zu beschuldigen seien, wird er es nicht sagen können. Die Bestrafung dieser Unmenschen scheint irgendwie nicht mehr attraktiv zu sein, sobald sie möglich geworden ist: in der Tat hören sie fast auf, Ungeheuer zu sein, wenn sie erst einmal hinter Schloß und Riegel sitzen.

Unglücklicherweise braucht es oftmals einen konkreten Fall, ehe jemand seine wahren Gefühle entdecken kann. Hier ist eine andere Erinnerung aus Deutschland. Ein paar Stunden nach der Einnahme Stuttgarts durch die französische Armee rückten ein belgischer Journalist und ich in die Stadt ein, in der noch alles drunter und drüber ging. Der Belgier hatte während des ganzen Krieges Sendungen für den Europadienst der BBC gemacht und, wie fast alle Franzosen oder Belgier, eine wesentlich schroffere Einstellung gegenüber den ›Boches‹ als ein Engländer oder Amerikaner. Alle großen Brücken in der Stadt waren in die Luft gejagt worden, und wir mußten über eine schmale Fußgängerbrücke gehen, die die Deutschen offensichtlich heftig verteidigt hatten. Ein gefallener deutscher Soldat lag ausgestreckt auf dem Rücken am Fuß der Brückenstufen. Sein Gesicht hatte eine wachsgelbe Farbe. Auf seine Brust hatte jemand einen Strauß blauen Flieder gelegt, der hier überall blühte.

Der Belgier wandte sein Gesicht ab, als wir vorbeigingen. Wir waren schon fast über die Brücke, da gestand er mir, daß dies der erste Tote war, den er in seinem Leben gesehen hatte. Ich glaube, er war etwa fünfunddreißig Jahre alt und hatte vier Jahre lang Kriegspropaganda über das Radio gemacht. Noch etliche Tage nach diesem Zwischenfall war seine Haltung völlig anders als zuvor. Mit Abscheu betrachtete er die zerbombte Stadt und die Demütigungen, denen die Deutschen ausgesetzt waren, und bei einer Gelegenheit schritt er sogar selbst ein, um einen besonders häßlichen Fall von Plünderung zu verhindern. Als er abreiste, gab er den Deutschen, bei denen wir einquartiert waren, den Rest des Kaffees, den wir mitgebracht hatten. Noch vor einer Woche wäre er wahrscheinlich schockiert gewesen bei dem Gedanken, einem ›Boche‹ Kaffee zu schenken. Aber seine ganze gefühlsmäßige Einstellung, so erzählte er mir, hätte sich beim Anblick dieses ›pauvre mort‹ am Fuße der Brücke gewandelt: ihm sei plötzlich die Bedeutung des Krieges zum Bewußtsein gekommen. Doch wenn wir die Stadt nun zufällig über einen anderen Zugang betreten hätten, wäre ihm womöglich sogar dieses Erlebnis des Anblicks eines einzigen Toten von den – vielleicht – zwanzig Millionen erspart geblieben, die dieser Krieg zur Folge hatte.

Tribune, 9. November 1945

Zur Verhinderung von Literatur

Vor einem Jahr etwa nahm ich an einer Versammlung teil, die der PEN-Club einberufen hatte, anläßlich der 300-Jahr-Feier von Miltons *Aeropagitica*, wie erinnerlich einer Streitschrift zur Verteidigung der Pressefreiheit. Am Kopf der Einladung stand Miltons berühmter Satz über die Sünde, ein Buch zu ›töten‹.

Vier Redner sprachen. Einer von ihnen befaßte sich in seiner Ansprache mit der Pressefreiheit, jedoch nur in bezug auf Indien. Ein anderer erklärte zögernd und in nur sehr allgemein gehaltenen Ausdrücken, daß die Freiheit eine gute Sache sei. Der dritte griff die Gesetze über Pornographie in der Literatur an, und der vierte verteidigte im größten Teil seiner Rede die Säuberungsaktionen in Rußland. Die Redner aus dem Auditorium kamen zum Teil auf die Frage der Pornographie und der diesbezüglichen Gesetze zurück, andere hielten bloße Lobgesänge an die Adresse Sowjet-Rußlands. Moralische Freiheit, das heißt die Freiheit, sexuelle Fragen in Druckform zu erörtern, schien allgemeine Zustimmung zu finden. Politische Freiheit wurde nicht erwähnt. Von den mehreren hundert Leuten, die an der Versammlung teilnahmen, und von denen etwa die Hälfte beruflich etwas mit Schrifttum zu tun hatten, war nicht ein einziger, der darauf hingewiesen hätte, daß Pressefreiheit, wenn dieses Wort überhaupt eine Bedeutung besitzt, in der Freiheit besteht, Kritik zu üben und zu opponieren. Bezeichnenderweise zitierte keiner etwas aus der Streitschrift, die doch auf der Versammlung offenbar gefeiert werden sollte. Ebensowenig wurden die Bücher erwähnt, die in England oder den Vereinigten Staaten während des Krieges ›getötet‹ worden sind. Im Endergebnis war die Feier eine Demonstration zugunsten der Zensur[1]. Darin liegt nichts weiter Überraschendes. Die Idee der intellektuellen Freiheit ist in unserm Zeitalter einem Angriff aus zwei Richtungen ausgesetzt. Auf der einen Seite sind es die theoretischen Feinde, die Vertreter des Totalitarismus; auf der andern seine unmittelbaren, praktischen, die Monopole und die Bürokratie. Jeder Schriftsteller oder Journalist, der sich seine geistige Integrität bewahren möchte, wird daran mehr durch den allgemeinen Trend der Gesellschaft als durch tatsächliche Verfolgung gehindert. Was sich ihm in den Weg stellt, ist die Konzentration der Presse in den Händen einiger weniger reicher Männer, die Monopolherrschaft bei Radio und Film, die geringe Neigung des Publikums, Geld für Bücher auszugeben, was fast jeden Schriftsteller zwingt, sich seinen Unterhalt durch unschöpferische Kleinarbeit zu verdienen; es ist die Bevormundung durch Behörden wie dem Informationsministerium und dem British Council, die dem Schriftsteller helfen, am Leben zu bleiben, gleichzeitig aber seine Zeit vergeuden und ihm seine Ansichten aufzwingen; und schließlich die seit zehn Jahren andauernde Kriegsatmosphäre, deren zermürbender Einwirkung sich keiner hat entziehen können. Alles in unserer Zeit hat sich verschworen, aus dem Schriftsteller wie dem Künstler so etwas wie einen subalternen Beamten zu machen, der Themen behandelt, die von oben bestellt werden, wobei er nie das ausdrücken kann, was er für wahr hält. Aber sobald er sich dagegen auflehnt, kommt man ihm nicht einmal von seiner eigenen Seite zu Hilfe, das heißt, es gibt innerhalb der öffentlichen Meinung keine größere Schicht, die ihn darin bestätigen

[1] Dazu muß man sagen, daß sämtliche Tagungen, die eine Woche oder länger dauerten, nicht immer auf dem gleichen Niveau standen. Vielleicht hatte ich einen schlechten Tag erwischt. Aber beim Lesen der Reden (die unter dem Titel *Freiheit der Meinungsäußerung* gedruckt herauskamen) ergibt sich, daß heute fast niemand für geistige Freiheit eintritt, wie es Milton vor 300 Jahren tat, obwohl er in der Zeit des Bürgerkrieges schrieb. (Anm. d. Autors).

würde, daß er im Recht ist. Früher, jedenfalls die ganzen protestantischen Jahrhunderte hindurch, waren der revolutionäre Gedanke und die Forderung nach geistiger Freiheit eng miteinander verbunden. Ein Ketzer, ob politisch, moralisch, religiös oder ästhetisch – war jemand, der sich weigerte, seinen eigenen Gedanken Gewalt anzutun. Seine Überzeugung kommt in den Worten der ›Revivalist‹-Hymne zum Ausdruck:

> Dare to be a Daniel,
> Dare to stand alone;
> Dare to have a purpose firm,
> Dare to make it known.

(Wag es, ein Daniel zu sein, wag es, allein zu stehen; wag es, ein festes Ziel zu haben, wag es, es zu verkünden.)

Um diese Hymne für uns heute zu aktualisieren, braucht man nur zu Beginn jeder Zeile ein ›nicht‹ hinzusetzen. Denn es gehört zu den Eigentümlichkeiten unserer Zeit, daß von den Rebellen, die gegen die bestehende Ordnung revoltieren, jedenfalls die Mehrzahl und die am schärfsten profilierten sich gleichzeitig gegen den Gedanken der individuellen Integrität wenden. »Wagen, allein zu stehen« ist ideogisch so verbrecherisch wie in der Praxis gefährlich. Die Unabhängigkeit des Schriftstellers und Künstlers wird von anonymen wirtschaftlichen Mächten zerfressen und gleichzeitig von denen ausgehöhlt, die sie verteidigen sollten. Es ist diese letztgenannte Erscheinung, mit der zu beschäftigen sich lohnt.

Gedanken- und Pressefreiheit werden gewöhnlich mit Argumenten vom Tisch gefegt, um die man sich weiter nicht zu kümmern brauchte. Jeder, der mit Vorträgen und Diskussionen Erfahrungen gemacht hat, kann sie auswendig. Ich will auch nicht versuchen, mich mit der bekannten Behauptung auseinanderzusetzen, Freiheit sei eine bloße Illusion, oder es gäbe mehr Freiheit in totalitären Staaten als in demokratischen, und mit der sehr viel ernsteren und gefährlicheren, wonach Freiheit gar nichts Erstrebenswertes und geistige Unabhängigkeit eine Form antisozialer Ichbezogenheit sei. Obwohl meist andere Aspekte im Vordergrund stehen, dreht sich die Kontroverse über Rede- und Pressefreiheit im Grunde um die Frage, was erstrebenswerter ist, Ehrlichkeit oder Lüge. Worum es wirklich geht, ist das Recht, offen über Zeitgeschehen zu berichten, oder jedenfalls so wahrheitsgetreu wie Unkenntnis, Fehlurteile und Selbsttäuschung – woran jeder Beobachter leidet – dieses zulassen. Damit könnte ich den Eindruck erwecken, als hielte ich die Reportage für den einzigen Literaturbereich von Bedeutung; aber ich will später noch zu zeigen versuchen, daß auf jeder literarischen Ebene und vermutlich bei jeder Kunst das gleiche Problem in mehr oder weniger verfeinerter Form besteht. Zunächst jedoch ist es notwendig, die Nebensächlichkeiten, in denen sich die Kontroverse gewöhnlich verliert, beiseite zu räumen.

Die Gegner geistiger Freiheit versuchen immer, ihre Sache als ein Plädoyer für Disziplin und gegen Individualismus aufzuziehen. Die Fragestellung ›Wahrheit contra Unwahrheit‹ wird so weit wie möglich in den Hintergrund geschoben. Obwohl die Akzente verschieden gesetzt werden, wird der Schriftsteller, der sich weigert, seine Meinung zu opfern, immer als krasser Egoist bezeichnet. Ihm wird vorgeworfen, in einem elfenbeinernen Turm leben zu wollen, oder seine Persönlichkeit in exhibitionistischer Weise zur Schau stellen zu müssen oder sich dem ehernen Ablauf der Geschichte mit dem Versuch zu widersetzen, seine durch nichts gerechtfertigten Privilegien aufrechtzuerhalten. Katholiken und Kommunisten nehmen beide an, daß ein Gegner nicht ehrlich und intelligent zugleich sein könne. Beide setzen stillschweigend voraus, daß die Wahrheit bereits gefunden ist, und daß der Ketzer, wenn er nicht ein Narr ist, die Wahrheit kennt, sie aber aus selbstsüchtigen Gründen leugnet. In der kommunistischen Literatur wird der Angriff auf die geistige Freiheit gewöhnlich durch Phrasen wie ›kleinbürgerlicher Individualismus‹, ›liberale Illusionen des 19. Jahrhunderts‹ etc. und durch sinnentleerte Epitheta wie ›romantisch‹ und ›sentimental‹ bekräftigt; Worte, unter denen man sich nichts und alles vorstellen kann und die sich daher schwer widerlegen lassen. Auf diese Weise wird die Diskussion von ihrem Kernpunkt wegmanövriert. Einem kann man zustimmen, und die meisten aufgeklärten Menschen tun dies auch: daß, wie die Kommunisten erklären, wahre Freiheit nur in einer klassenlosen Gesellschaft möglich sei und daß heute derjenige schon annähernd frei ist, der für das Zustandekommen einer solchen Gesellschaft kämpft. Gleichzeitig damit wird die durch nichts begründete Behauptung dazwischengeschmuggelt, daß die kommunistischen Parteien für die Errichtung einer klassenlosen Gesellschaft eintreten, und daß dieses Ziel in Sowjet-Rußland bereits in greifbare Nähe gerückt sei. Wenn man diese zweite Behauptung zusammen mit der ersten gelten läßt, so gibt es fast keinen Angriff auf den gesunden Menschenverstand und das Anstandsgefühl, der sich nicht rechtfertigen ließe. Man geht einfach der zentralen Frage aus dem Weg. Geistige Freiheit bedeutet die Freiheit zu berichten, was man gesehen, gehört und empfunden hat, ohne gezwungen zu sein, imaginäre Fakten und Auffassungen zu fabrizieren. Die vertrauten Tiraden gegen ›Abweichlertum‹, ›Individualismus‹, ›Romantizismus‹ und so weiter sind bloße Deklamationen, Hilfsmittel, welche die Verfälschung der geschichtlichen Wahrheit berechtigt erscheinen lassen sollen.

Als man vor fünfzehn Jahren die geistige Freiheit verteidigte, mußte man sie gegen Konservative, Katholiken und bis zu einem gewissen Grad – da sie in England nicht von großer Bedeutung waren – gegen die Faschisten verteidigen. Heute gegen Kommunisten und ihre ›Mitläufer‹. Man sollte zwar den Einfluß der kleinen kommunistischen Partei Englands nicht übertreiben, aber an der vergifteten Wirkung des russischen *Mythos* auf das englische Geistesleben kann kein Zweifel bestehen. Das ist die Ursache, weshalb erwiesene Tatsachen unterdrückt oder bis zu einem solchen Ausmaß entstellt werden, daß man daran zweifeln muß, ob es je möglich sein wird, die Geschichte unserer Zeit wahrheitsgetreu zu schreiben. Aus den Hunderten von Beispielen, die man anführen könnte, möchte ich nur eins herausgreifen. Als Deutschland zusammenbrach, stellte sich heraus, daß sehr viele Sowjetrussen, die meisten zweifellos nicht aus politischen Gründen, die Front gewechselt und auf deutscher Seite gekämpft hatten. Auch eine kleine, aber nicht unbedeutende Zahl russischer Kriegsgefangener und Versprengter weigerte sich, in die UdSSR zurückzukehren, und einige davon wurden gegen ihren Willen repatriiert. Diese Tatsachen, allen Journalisten durch Augenschein bekannt, blieben in der englischen Presse so gut wie unerwähnt, während zur gleichen Zeit russophile Publizisten in England auch weiterhin die Säuberungsaktionen und Deportationen zwischen 1936 und 1938 rechtfertigten, indem sie behaupteten, daß es in der UdSSR keine Volksverräter gegeben habe. Der Nebel von Lügen und Verfälschungen, der sich um Vorgänge wie die Hungersnot in der Ukraine, den Spanischen Bürgerkrieg, die russische Politik in Polen breitete, ist nicht eine Folge bewußter Unaufrichtigkeit, sondern jeder Schriftsteller oder Journalist, der rückhaltlos mit der UdSSR sympathisiert – sich also so verhält, wie die Russen es von ihm erwarten –, ist gezwungen, von sich aus wichtige Geschehnisse zu verfälschen. Vor mir liegt ein sehr seltenes Pamphlet aus der Feder Maxim Litwinows von 1918, das sich mit den Ereignissen der russischen Revolution befaßt. Der Name Stalin wird nicht erwähnt, dagegen Trotzki, Sinowjew, Kamenew und andern höchste Anerkennung gezollt. Was könnte selbst der intellektuell gewissenhafteste Kommunist zu einem solchen Schriftstück sagen? Bestenfalls würde er sich um eine Antwort herumdrücken und erklären, es sei unerwünscht und man täte besser, es verschwinden zu lassen. Sollte aber aus irgendwelchen Gründen beschlossen werden, eine gereinigte Fassung des Schriftstücks herzustellen, in der Trotzki beschimpft und dagegen Stalin in den Himmel gehoben würde, könnte kein parteitreuer Kommunist protestieren. Solche Fälschungen sind in den letzten Jahren vorgekommen. Entscheidend dabei ist nicht, daß es passiert ist, sondern daß sie auch bei Bekanntwerden keinerlei Reaktion von seiten der linken Intelligenz insgesamt hervorrufen. Auf Argumente wie, es wäre ›unzweckmäßig, die Wahrheit zu sagen‹, oder: ›es würde jemandem in die Hände arbeiten‹ und dergleichen, kann man nichts erwidern, und nur wenige beunruhigt die Aussicht, daß der ganze Wust von Lügen, der in den Zeitungen steht, einmal in die Geschichtsbücher eingehen könnte.

Die von totalitären Staaten organisierten Lügen sind nicht, wie oft behauptet wird, vorübergehende Hilfsmittel wie etwa die Kriegslist bei militärischen Operationen. Es sind integrierende Bestandteile des Totalitarismus, etwas, was weiterbestehen wird, auch wenn Konzentrationslager und Geheimpolizei sich nicht mehr als notwendig erweisen würden. Unter intelligenten Kommunisten ist eine Legende verbreitet, nach der die russische Regierung, auch wenn sie heute noch zu einer Lügenpropaganda, Schauprozessen und so weiter gezwungen ist, im geheimen die wahren Vorgänge registriert und sie zu einem künftigen Zeitpunkt veröffentlichen wird. Ich glaube, man kann ganz sicher sein, daß das nicht stimmt, weil das eine liberale Geschichtsschreibung voraussetzen würde, die davon ausginge, daß man Daten der Vergangenheit nicht abändern kann, und daß die genaue Kenntnis geschichtlicher Vorgänge einen Wert besitzt, der sich von selbst versteht. Vom totalitären Standpunkt ist Geschichte eher etwas, das immer neu geschaffen, statt gelehrt werden muß. Der totalitäre Staat ist praktisch eine Theokratie, und seine herrschende Klasse muß als unfehlbar erscheinen, um ihre Position zu behaupten. Da aber tatsächlich niemand unfehlbar ist, so erweist sich die Abänderung von Vorgängen als notwendig, um zu beweisen, daß dieser oder jener Fehler gar nicht begangen worden ist, und dieser oder jener nie errungene Sieg tatsächlich stattgefunden hat. Dazu kommt, daß jeder politische Kurswechsel auch eine entsprechende Abänderung der Doktrin und eine Neubewertung prominenter historischer Figuren erforderlich macht. Solche Dinge kommen überall vor, führen aber mit größter Wahrscheinlichkeit in Gesellschaftssystemen, in denen zu jeder gegebenen Zeit immer nur eine Meinung erlaubt ist, zu ausgesprochenen Fälschungen. Totalitarismus benötigt eine unausgesetzte Abänderung der Vergangenheit und führt auf die Dauer zur Skepsis an einer objektiven Wahrheit. Freunde des Totalitarismus in diesem Lande benutzen gern das Argument, daß absolute Wahrheit doch unerreichbar und eine große Lüge daher nicht ärger sei als eine kleine. Weiter heißt es, daß alle Geschichtsschreibung unklar und ungenau sei, und die moderne Physik habe bewiesen, daß was uns als reale Welt erscheine, eine Illusion, und also das Vertrauen auf unsere sinnlichen Wahrnehmungen nichts als gewöhnliches Philistertum sei. Eine totalitäre Gesellschaft, die sich lange Zeit behaupten könnte, würde vermutlich in geistiger Schizophrenie enden, bei der die Gesetze des gesunden Menschenverstandes im praktischen Leben und in bestimmten exakten Wissenschaften ihre Gültigkeit behalten, vom Politiker, Historiker, Soziologen aber mißachtet werden dürften. Heute schon gibt es viele Leute, die die Verfälschung eines wissenschaftlichen Werkes für einen Skandal halten würden, in der Verfälschung einer historischen Tatsache dagegen nichts Böses sehen. Wir sind an dem Punkt angelangt, an dem Literatur und Politik sich mit dem Totalitarismus überschneiden, der den größten Druck auf den Intellektuellen ausübt. Die exakten Wissenschaften sind heute noch nicht von Ähnlichem bedroht, das ist zum Teil darauf zurückzuführen, daß es in allen Ländern dem Wissenschaftler leichter fällt als dem Schriftsteller, sich insgeheim gegen seine jeweilige Regierung zu stellen.

Um den Faden nicht zu verlieren, möchte ich wiederholen, was ich am Anfang dieses Essays gesagt habe: daß die unmittelbaren Feinde der Wahrheit und also der Gedankenfreiheit, die Beherrscher der Presse, die Filmmagnaten und die Bürokratie sind, daß aber das nachlassende Bedürfnis nach Freiheit unter den Intellektuellen selbst das ernsteste Symptom ist. Es könnte scheinen, als hätte ich die ganze Zeit über die Auswirkungen der Zensur nicht auf die Literatur in ihrer Gesamtheit, sondern auf einen Teil, den politischen Journalismus, gesprochen. Geht man davon aus, daß Sowjet-Rußland in der englischen Presse tabu ist, daß Fragen wie Polen, der Spanische Bürgerkrieg, der deutsch-russische Pakt von jeder ernsthaften Erörterung ausgeschlossen sind, und daß von jemandem, der im Besitz von Informationen ist, die mit der herrschenden Linie nicht übereinstimmen, erwartet wird, sie entweder zu verändern oder den Mund zu halten – das alles als gegeben angenommen, was hat die Literatur im weitesten Sinne damit zu tun? Ist denn jeder Schriftsteller ein Politiker und jedes Buch notwendigerweise reine Reportage? Kann selbst unter der schärfsten Diktatur ein Schriftsteller nicht eine geistige Freiheit bewahren und seine unorthodoxen Gedanken so subtil und verkleidet zum Ausdruck bringen, daß die Obrigkeit in ihrer Dummheit es nicht merkt? Stimmt der Schriftsteller aber mit der herrschenden Linie überein, warum muß das dann einen einengenden Einfluß auf sein Schaffen haben? Benötigt die Literatur oder eine andere Kunst nicht immer zu ihrer Entfaltung eine Gesellschaft, in der alle einer Meinung sind und zwischen Künstler und Publikum keine Gegensätze bestehen? Muß man zu dem Schluß kommen, daß jeder Schriftsteller ein Rebell ist, oder sogar schon als Schriftsteller ein exzentrischer Mensch?

Wenn man die geistige Freiheit gegen die Ansprüche des Totalitarismus verteidigt, begegnet man diesen Argumenten in der einen oder anderen Form. Sie beruhen auf der völligen Verständnislosigkeit über das Wesen der Literatur und wie – oder man sollte vielleicht besser sagen: warum – sie entsteht. Sie gehen davon aus, daß der Schriftsteller nur zur Unterhaltung anderer da ist, daß er die Propagandalinie so leicht wechseln kann, wie ein Drehorgelspieler seine Walzen. Aber wie kommt es, daß immer noch Bücher geschrieben werden? Oberhalb eines ziemlich niedrigen Niveaus ist Literatur ein Versuch, Einfluß auf die öffentliche Meinung zu gewinnen, und zwar durch die Veröffentlichung von Erfahrungen. Und was die Meinungsfreiheit betrifft, so besteht kein großer Unterschied zwischen einem Journalisten und einem ›gänzlich unpolitischen‹ Dichter. Der Journalist ist unfrei und wird sich seiner Unfreiheit bewußt, sobald er gezwungen ist, Lügen zu schreiben oder eine Nachricht zu unterdrücken, die ihm wichtig erscheint. Der Dichter ist unfrei, wenn er seine subjektiven Gefühle verfälschen muß, die in seinen Augen Tatsachen sind. Er mag die Wirklichkeit abändern und karikieren, aber die Szenerie seines eigenen Geistes kann er nicht verfälschen. Er kann nicht glaubwürdig versichern, daß er das liebt, was er verabscheut, oder sagen, daß er an etwas glaube, woran er nicht glaubt. Wird er dazu gezwungen, so ist das einzige Ergebnis, daß seine schöpferischen Fähigkeiten verkümmern. Er kann das Problem auch nicht dadurch lösen, indem er umstrittenen Themen aus dem Weg geht. So etwas wie eine rein unpolitische Literatur gibt es nicht und am wenigsten in einer Epoche wie der unsern, wo Furcht, Haß und politische Bindungen bei jedem dicht unter der Bewußtseinsgrenze liegen. Schon ein einziges Tabu kann eine frustrierende Wirkung auf den Geist ausüben, weil immer die Gefahr besteht, daß ein frei zu Ende gedachter Gedanke zu dem tabuisierten führen könnte. Daraus ergibt sich, daß die Atmosphäre des Totalitarismus für jeden Prosa-Schriftsteller tödlich ist, während sie einem Dichter, wenigstens einem lyrischen, noch die Möglichkeit zu atmen geben könnte. Es ist durchaus wahrscheinlich, daß die Prosa-Literatur, wie sie bei uns über 4000 Jahre bestanden hat, in einer totalitären Gesellschaft, die auch nur zwei Generationen überdauert, ihr Ende finden wird.

Es hat zwar schon unter despotischen Regierungen eine blühende Literatur gegeben, aber dieser Despotismus von einst war nicht totalitär, wie schon oft ausgeführt worden ist. Ihr Unterdrückungsapparat war immer ineffektiv, ihre herrschenden Klassen immer entweder korrupt oder apathisch oder halb-liberal in ihren Ansichten, und die religiösen Lehren standen einem Perfektionismus, der sich auf menschliche Unfehlbarkeit berief, ablehnend gegenüber. Trotzdem stimmt es, daß Prosa-Literatur ihre Höhepunkte in Zeiten der Demokratie und der gedanklichen Freiheit erreicht hat. Das Neue am Totalitarismus ist, daß seine Doktrin nicht diskutiert werden kann und gleichzeitig unstabil ist. Man muß sie bei Strafe der Vernichtung annehmen, während sie ständig einer Änderung unterworfen werden kann. Man sehe sich zum Beispiel die verschiedenen, völlig unvereinbaren Haltungen an, die ein englischer Kommunist oder Mitläufer gegenüber dem Krieg zwischen England und Deutschland einnehmen mußte. Vor September 1939 war er jahrelang zur flammenden Entrüstung über ›die Greuel des Nazismus‹ verpflichtet. Nach September 1939 hatte er zwanzig Monate lang zu glauben, daß man Deutschland mehr Unrecht antue als es verschuldet habe, und das Wort ›Nazi‹ hatte, wenigstens soweit es Gedrucktes betraf, aus seinem Wortschatz zu verschwinden. Unmittelbar nach Abhören der Acht-Uhr-Nachrichten am Morgen des 22. Juni 1941 mußte er wieder umlernen und von neuem die Ansicht vertreten, daß der Nazismus das Schlimmste sei, was die Welt je erlebt habe. Nun wird es einem Politiker nicht schwer, solche Frontwechsel vorzunehmen. Bei einem Schriftsteller liegt der Fall etwas anders. Wenn er im richtigen Moment seine Ansichten pflichtgemäß ändern soll, muß er entweder beim Schreiben seine persönlichen Gefühle Lügen strafen oder sie überhaupt unterdrücken. In beiden Fällen hat er den Motor seines Schaffens vernichtet. Nicht nur, daß Gedanken sich nur widerwillig einstellen werden, die Worte, die er benutzt, werden sich ihm im Gebrauch versagen. Politisches Schrifttum in unserer Zeit besteht fast gänzlich aus vorfabrizierten Phrasen, die nur zusammengesetzt zu werden brauchen, wie die Teile eines mechanischen Kinderspielzeugs. Das ist das unvermeidliche Ergebnis einer Eigen-Zensur. Um in einer klaren, kraftvollen Sprache zu schreiben, muß man furchtlos denken können, und um furchtlos zu denken, kann man kein Konformist sein. In einer ›Epoche des Glaubens‹ mag es anders sein, wo die herrschende Lehre bereits so lange besteht, daß sie nicht mehr allzu ernst genommen wird. Unter solchen Umständen kann es möglich sein, daß große Teile des eigenen Denkens unberührt von dem bleiben, was man vorschriftsmäßig zu glauben hatte. Es scheint bedeutsam, daß in dem einzigen Zeitalter des Glaubens, dessen Europa sich je erfreut hat, Prosa-Literatur fast ganz verschwand. Das ganze Mittelalter hindurch hat es so gut wie keine erzählende Literatur und nur sehr wenig Geschichtsschreibung gegeben. Die geistigen Führer der Gesellschaft bedienten sich einer toten, tausend Jahre unverändert gebliebenen Sprache, um ihre ernstesten Gedanken auszudrücken.

Vom Totalitarismus kann man allerdings weniger ein Zeitalter des Glaubens als ein Zeitalter der Schizophrenie erwarten. Eine Gesellschaft wird immer dann totalitär, wenn ihre Struktur offenkundig künstlich wird, das heißt, wenn die herrschende Klasse ihre eigentliche Funktion verliert und sich nur noch durch Gewalt oder Betrug an die Macht klammert. Eine solche Gesellschaft, gleichgültig, wie lange sie besteht, kann sich nicht leisten, tolerant oder geistig stabil zu sein. Sie kann weder die wahrheitsgemäße Aufzeichnung von Tatsachen zulassen, noch die Aufrichtigkeit der Gefühle, welche eine Voraussetzung der Literatur ist. Um vom Totalitarismus korrumpiert zu werden, braucht man nicht in einem totalitären Lande zu leben. Die bloße Vorherrschaft bestimmter Ideen verbreitet eine Art von Gifthauch, der ein Thema nach dem andern für die Literatur unmöglich macht. Wo immer eine den Massen aufgezwungene Ideologie herrscht – oder zwei, wie das oft der Fall ist –, hört gute Literatur auf. Einen Beweis dafür liefert der Spanische Bürgerkrieg. Für viele englische Intellektuelle war der Krieg ein aufwühlendes Erlebnis, aber ein Erlebnis, über das sie sich nicht ehrlich äußern konnten. Es gab nur zwei Dinge, die sie sagen durften, und beides waren handgreifliche Lügen. Im Endergebnis brachte der Krieg Berge von Gedrucktem hervor, aber fast nichts, was sich zu lesen lohnt.

Es ist nicht sicher, ob die Auswirkungen des Totalitarismus auf die Poesie ebenso vernichtend sind wie die auf die Prosa. Es gibt eine ganze Reihe übereinstimmender Anzeichen dafür, daß es einem Lyriker leichter fällt, sich in einer autoritären Gesellschaft zu Hause zu fühlen, als einem Prosa-Schriftsteller. Zunächst einmal deshalb, weil Bürokraten und andere Männer des praktischen Lebens den Lyriker gewöhnlich viel zu sehr verachten, um an seinen Äußerungen interessiert zu sein. Zweitens ist die Aussage des Gedichts – das heißt, sein Sinn, wenn es in Prosa übersetzt würde – dem Dichter selbst ziemlich unwichtig. Der in einem Gedicht enthaltene Gedanke ist immer sehr simpel und nie mehr als der erste Anstoß zu einem Gedicht, so wie die Anekdote der Anstoß zu einem Gemälde ist. Ein Gedicht ist die Anordnung von Klängen und Assoziationen, so wie ein Gemälde die Anordnung von Pinselstrichen ist. In kurzen Passagen, etwa dem Refrain eines Songs, kann das Gedicht überhaupt auf jeden Sinn verzichten. Es ist daher für einen Dichter ziemlich leicht, gefährlichen Themen aus dem Weg zu gehen und Ketzereien nicht laut werden zu lassen. Und selbst wenn er sie laut werden läßt, dürften sie unbeachtet bleiben. Vor allem aber sind gute Gedichte, im Gegensatz zur Prosa, nicht unbedingt das Produkt eines einzelnen. Eine bestimmte Gattung, wie zum Beispiel Balladen oder überaus kunstvolle Versformen, können das Ergebnis der Zusammenarbeit einer Gruppe sein. Ob die alten englischen und schottischen Balladen ursprünglich von einem einzelnen oder aus der Masse des Volkes stammen, ist strittig. Auf jeden Fall sind sie nicht-individuell, schon deshalb, weil sie von Mund zu Mund überliefert werden. Selbst im Druck sind kaum zwei Verse einer Ballade immer die gleichen. Viele Verse stammen aus dem Volk und werden gemeinsam verfaßt. Einer beginnt zu improvisieren, wobei er sich selbst auf einem Instrument begleitet, ein zweiter fällt mit einer Zeile oder einem Reim ein, wenn der erste abbricht, und das setzt sich fort, bis eine ganze Ballade oder ein Song entstanden ist, ohne daß man ihn einem Urheber zuschreiben könnte.

Bei der Prosa ist eine derartige Zusammenarbeit völlig unmöglich. Ernste Prosa jedenfalls entsteht in der Abgeschlossenheit, während bei bestimmten Arten von Vers-Kunst gerade das gehobene Gefühl, einer Gruppe anzugehören, ein wichtiges Element bildet. Verse – in ihrer Art sogar gute Verse, wenn auch nicht von höchster Kunst – können selbst unter dem despotischsten Regime fortleben. Auch in einer Gesellschaft, in der jede Freiheit ausgelöscht ist, besteht ein Bedarf nach patriotischen Liedern oder heroischen Balladen, die Siege verherrlichen oder irgendeiner Persönlichkeit in ausgesuchter Form schmeicheln. Diese Art Gedichte können auf Bestellung geschrieben oder kollektiv verfaßt werden, ohne deshalb an künstlerischem Wert zu verlieren. Prosa ist eine völlig andere Sache, da der Schriftsteller den Umkreis seines Denkens nicht einengen kann, ohne seine Erfindungsgabe zu töten. Die Geschichte totalitärer Staaten oder Gruppen mit totalitärer Ideologie deutet darauf hin, daß der Verlust der Freiheit für jede Art von Literatur vernichtend ist. Unter Hitlers Regime verschwand die deutsche Literatur fast ganz, und in Italien lagen die Dinge nicht viel anders. Die russische Literatur hat sich, soweit man nach den Übersetzungen urteilen kann, seit den ersten Tagen der Revolution merklich verschlechtert, obwohl einige Versdichtungen besser als die Prosa zu sein scheinen. In etwa fünfzehn Jahren sind nur wenige ernstzunehmende russische Erzählungen übersetzt worden. In West-Europa und Amerika ist ein großer Teil der literarischen Intelligenz entweder durch die kommunistische Partei hindurchgegangen, oder hat stark mit ihr sympathisiert, aber diese ganze linke Bewegung hat sehr wenig an Büchern hervorgebracht, die des Lesens wert wären. Der orthodoxe Katholizismus, um es nochmals zu sagen, scheint auf einige Formen der Literatur eine geradezu katastrophale Wirkung zu haben. Wie viele Leute sind in den letzten 300 Jahren gute Schriftsteller und zugleich gute Katholiken gewesen? Tatsache ist, daß bestimmte Themen sich nicht mit Worten verherrlichen lassen, und die Tyrannei ist eine davon. Niemand hat je ein gutes Buch zur Verherrlichung der Inquisition geschrieben. Die Poesie mag in einem totalitären Zeitalter fortbestehen, und einige Künste oder Halb-Künste wie die Architektur mögen die Tyrannei sogar förderlich für sich finden, aber dem Prosa-Schriftsteller bleibt keine andere Wahl als die zwischen Schweigen und Tod. Prosa-Literatur, wie wir sie kennen, ist ein Ergebnis des Rationalismus, der protestantischen Jahrhunderte, der autonomen Einzelpersönlichkeit. Die Beseitigung der geistigen Freiheit trifft nicht nur den Schriftsteller, sondern ebensosehr den

Journalisten, den Soziologen, den Historiker, den Kritiker und schließlich auch den Dichter. Es wäre denkbar, daß in Zukunft eine neue Art von Literatur entsteht, die von individuellen Ansichten und Gefühlen oder von wahrheitsgetreuen Beobachtungen frei ist. Im Augenblick erscheint uns etwas Derartiges unfaßbar. Denkbarer ist für uns, daß mit dem Absterben der liberalen Kultur, in der wir seit der Renaissance gelebt haben, auch die Literatur als Kunst ihr Ende findet.

Natürlich wird die Drucktechnik fortbestehen, und es ist interessant, darüber nachzudenken, wie der Lesestoff beschaffen sein mag, den es in einer totalitären Gesellschaft dann noch geben wird. Wahrscheinlich erscheinen noch Zeitungen, bis das Fernsehen einen höheren Stand erreicht hat, aber schon heute ist es zweifelhaft, ob bei den Volksmassen in Industrieländern überhaupt ein Bedürfnis nach Druckereierzeugnissen, abgesehen von Zeitungen, besteht. Jedenfalls gibt man schon jetzt für Lesestoff sehr viel weniger aus als für andere Zerstreuungen. Romane und Erzählungen dürften durch die Darbietungen des Films und Radios immer mehr verdrängt werden. Vielleicht hält sich noch eine Sensations-Presse-Produktion auf niederstem Niveau, am laufenden Band erzeugt, wobei der Anteil des einzelnen Autors auf ein Minimum reduziert ist.

Sicherlich liegt es nicht außerhalb des menschlichen Erfindergeistes, Bücher auf maschinellem Wege herzustellen. Eine Art von Mechanisierung ist bereits heute bei Film und Radio, in der Propaganda und Reklame und in den unteren Bereichen des Journalismus erkennbar. Disney-Filme werden zum Beispiel hauptsächlich fabrikmäßig hergestellt, zum Teil auf rein mechanischem Weg, zum Teil durch ein Team von Künstlern, die dabei auf ihren persönlichen Stil verzichten müssen. Funk-Features werden meistens von ausgepumpten Soldschreibern verfertigt, denen Thema und Stil bereits vorgeschrieben sind. Auch so bleibt ihre Arbeit nur

Rohstoff für den Produzenten und Zensor, der ihm dann die endgültige Form gibt. Das gleiche gilt für die zahllosen, von Regierungsstellen in Auftrag gegebenen Bücher und Druckschriften. Noch maschineller erfolgt die Herstellung von Kurzgeschichten, Fortsetzungsromanen und Gedichten für die Groschenzeitschriften. Hefte wie der *Writer* sind voll von Anzeigen literarischer Institute, die für ein paar Shillinge pro Stück fertige Handlungen für eine Story anbieten. Einige liefern sogar den Anfang und Schluß jedes Kapitels zusammen mit der Inhaltsangabe. Wieder andere bieten eine Art algebraischer Formel, mit deren Hilfe man sich selbst eine Story konstruieren kann, und schließlich gibt es Agenturen, die einen mit der Beschreibung von Personen und Situationen beliefern, die man nur noch zusammenfügen muß. Das ergibt dann automatisch eine interessante Erzählung. Vermutlich würde auf diese oder ähnliche Weise Literatur in einem totalitären Staat hergestellt werden, falls noch das Bedürfnis danach vorhanden sein sollte. Phantasie, persönliche Verantwortung, all dieses würde bei der Arbeit des Schriftstellers soweit wie möglich ausgeschaltet werden. Bücher könnten im Entwurf von Bürokraten geplant werden und danach durch so viele Hände gehen, daß sie am Schluß so wenig das Werk eines einzelnen sind wie ein Fordmodell beim Verlassen des Fließbandes. Selbstverständlich wäre alles derart Entstandene der letzte Schund, aber alles, was nicht Schund wäre, würde die Staatsordnung gefährden. Was die noch vorhandene Literatur von früher betrifft, so müßte sie entweder verboten oder sehr sorgfältig umgeschrieben werden.

Der Totalitarismus hat sich bisher nirgends ganz durchgesetzt. Unsere eigene Gesellschaft ist im großen und ganzen noch liberal. Um sein Recht auf freie Meinungsäußerung zu behaupten, muß man gegen wirtschaftlichen Druck und breite Schichten der Öffentlichkeit ankämpfen, aber vorläufig noch nicht gegen eine geheime Staatspolizei. Man kann so gut wie alles sagen oder drucken, solange man es in umschriebener Form tut. Bedrückend ist aber, wie ich zu Beginn sagte, die feindselige Einstellung gegenüber der Freiheit von seiten derer, denen sie das Höchste bedeuten müßte. Das große Publikum ist an der Frage weder in der einen noch in der anderen Weise interessiert. Es ist weder dafür, einen Nonkonformisten zu verfolgen, noch geneigt, für ihn einzutreten. Es ist einerseits zu gesund und andererseits zu dumm, um sich die totalitäre Ideologie zueigen zu machen. Der direkte, gezielte Angriff auf geistige Ehrlichkeit und Anständigkeit kommt von den Intellektuellen selbst.

Wären die russophilen Intellektuellen nicht diesem speziellen Mythos erlegen, so vielleicht einem anderen ähnlichen. Jedenfalls gibt es den russischen Mythos, und die durch ihn hervorgerufene moralische Korruption stinkt zum Himmel. Wenn man erlebt, daß hochgebildete Menschen Unterdrückungen und Verfolgungen gegenüber gleichgültig bleiben, fragt man sich, was verächtlicher ist, ihr Zynismus oder ihre Kurzsichtigkeit. Zu den kritiklosen Bewunderern der UdSSR gehören zahlreiche Wissenschaftler. Sie scheinen zu glauben, daß die Abschaffung der Freiheit bedeutungslos ist, solange ihr eigenes Schaffen nicht davon berührt wird. Die UdSSR ist ein großes, sich rasch entwickelndes Land, das dringend wissenschaftliche Fachkräfte braucht und sie deshalb sehr großzügig behandelt. Vorausgesetzt, daß sie sich nicht mit gefährlichen Themen abgeben, nehmen sie eine privilegierte Stellung ein. Schriftsteller dagegen werden unbarmherzig verfolgt. Es steht einwandfrei fest, daß literarische Prostituierte wie Ilja Ehrenburg oder Alexey Tolstoi vom Staat große Summen bezogen, aber dafür mit dem einzigen zahlen mußten, was für einen Schriftsteller von Wert ist, mit der Freiheit ihrer Meinung. Es gibt wenigstens einige unter den englischen Wissenschaftlern, die sich so enthusiastisch über die ihren Kollegen in Rußland gebotenen Möglichkeiten äußerten, die das verstehen können. Aber ihre

Einstellung scheint folgende zu sein: »So, Schriftsteller werden in Rußland verfolgt? Na und? Ich bin kein Schriftsteller.« Sie sehen nicht, daß jeder Angriff auf die geistige Freiheit und den Begriff der Objektivität schließlich jeden Bereich des Denkens bedroht.

Im Augenblick duldet der totalitäre Staat den Wissenschaftler, weil er ihn braucht. Selbst im Nazi-Deutschland wurden Wissenschaftler, wenn sie nicht Juden waren, verhältnismäßig gut behandelt, und die Gesamtheit der deutschen Wissenschaftler leistete Hitler keinen Widerstand. In der heutigen Situation muß auch der größte Autokrat die realen Gegebenheiten berücksichtigen, teils, weil liberale Gewohnheiten und liberales Denken immer noch insgeheim weiterbestehen, teils mit Rücksicht auf die Vorbereitungen für einen Krieg. Solange man reale Gegebenheiten nicht einfach beiseite schieben kann, solange zwei mal zwei immer noch vier ausmachen, hat der Wissenschaftler seinen festen Platz. Man kann ihm sogar ein gewisses Maß an Freiheit einräumen. Sein Erwachen wird später kommen, wenn der totalitäre Staat fest begründet ist. Bis dahin wäre es in seinem Interesse, falls er seine wissenschaftliche Unabhängigkeit wahren will, eine Art Solidarität zu seinen Schriftsteller-Kollegen herzustellen und es nicht als gleichgültig anzusehen, wenn sie zum Schweigen gebracht oder zum Selbstmord getrieben und Zeitungen gefälscht werden.

Wie immer es jedoch um die physikalischen Wissenschaften oder die Musik, Malerei und Architektur bestellt sein mag, es ist keine Frage, daß die Literatur zum Untergang verurteilt ist, wo es keine Gedankenfreiheit mehr gibt. Nicht nur, daß sie in jedem Land abstirbt, das eine solche Verfassung hat – jeder Schriftsteller, der eine totalitäre Ideologie unterstützt, der für Verfolgungen und die Verfälschung der Wirklichkeit Entschuldigungen findet, vernichtet sich selbst. Einen Ausweg gibt es da nicht. Keine Tiraden gegen Individualismus und den elfenbeinernen Turm, keine scheinheiligen Plattheiten, daß ›wahre Individualität nur durch Aufgehen in der Gemeinschaft zu erreichen ist‹ können darüber hinwegtäuschen, daß ein gekaufter Geist ein zerstörter Geist ist. Wo kein Platz mehr für spontane Ideen ist, wird literarisches Schaffen zur Unmöglichkeit, ja die Sprache selbst verdorrt. Einmal, in Zukunft, wenn der menschliche Geist zu etwas völlig anderem geworden ist, als wir bisher darunter verstanden haben, wird man vielleicht lernen, literarisches Schaffen und geistige Wahrheit voneinander zu trennen. Heute wissen wir nur, daß die Phantasie sich wie bestimmte Tierarten in der Gefangenschaft nicht fortpflanzt.

Jeder Schriftsteller oder Journalist, der das leugnet – und jeder, der die Sowjet-Union verherrlicht, tut das –, verlangt in Wahrheit seinen eigenen Tod.

Polemic, Januar 1946

Gedanken über die gemeine Kröte

Noch vor der Schwalbe und den Narzissen, und nicht viel später als die Schneeglöckchen, begrüßt die gemeine Kröte den Frühling auf ihre Art, indem sie nämlich aus einem Loch im Boden kriecht, in dem sie seit dem vorigen Herbst begraben lag, und sich so schnell wie möglich zu dem nächstgelegenen Wasser begibt. Irgend etwas – ein Erschauern der Erde etwa oder vielleicht nur ein Temperaturanstieg um wenige Grade – hat ihr angezeigt, daß es Zeit sei aufzuwachen. Einige Kröten scheinen rund um die Uhr zu schlafen und hin und wieder auf ein ganzes Jahr zu verschwinden – ich selbst habe mehr als einmal mitten im Sommer eine Kröte aus der Erde ausgegraben, die offensichtlich ganz lebendig und wohlauf war.

Im Frühjahr, nach ihrem langen Winterschlaf, hat die Kröte ein vergeistigtes Aussehen wie ein strenggläubiger englischer Katholik gegen Ende der Fastenzeit. Ihre Bewegungen sind langsam, aber zielstrebig. Sie ist sichtlich abgemagert, weshalb die Augen ungewöhnlich groß wirken. Man hat jetzt Gelegenheit, etwas zu bewundern, was einem sonst entgeht, nämlich ihre Augen, die schönsten von allen lebenden Tieren. Sie schimmern wie Gold, genauer gesagt, wie einer jener goldfarbenen Halbedelsteine, die man manchmal an Siegelringen sieht und die, glaube ich, Chrysoberylle heißen.

Nach ein paar Tagen im Wasser richtet die Kröte ihre ganzen Anstrengungen darauf, durch Einverleibung kleiner Insekten ihre Kräfte wiederzugewinnen, und tatsächlich hat sie in kurzer Zeit ihre alte Größe erreicht. Soweit sich feststellen läßt, beginnt jetzt bei ihr eine Periode intensiver Geschlechtlichkeit. Vorausgesetzt, daß es ein Männchen ist, ist sie unausgesetzt bestrebt, ihre Arme um etwas zu schlingen, und wenn es nur ein Ast oder ein Finger ist, den man ihr hinhält. Sie wird ihn sofort mit erstaunlicher Kraft umklammern, und es dauert lange, bis sie begriffen hat, daß es kein Weibchen ist. Im Wasser kann man häufig Scharen von Kröten beobachten, die sich übereinanderwälzen, wobei eine an der anderen hängt, ohne Unterschied des Geschlechts. Nur nach und nach geht die Aussonderung vor sich, bis die einzelnen Paare zusammengefunden haben. Das Männchen hockt ordnungsgemäß auf dem Rücken des Weibchens. Jetzt kann man Männchen und Weibchen deutlich voneinander unterscheiden. Das Männchen ist schlanker und dunkler und hat die Arme fest um den Hals des Weibchens unter ihm geschlungen. Ein oder zwei Tage später ist der Laich abgelegt, und zwar in langen Schnüren, die sich um die Schilfpflanzen winden und bald nicht mehr zu sehen sind. Nach ein paar Wochen wimmelt das Wasser von winzigen, unzähligen Kaulquappen, die schnell größer werden, erst Hinterbeine, dann Arme entwickeln und schließlich den Schwanz abwerfen. Etwa im Hochsommer tritt die junge Krötengeneration auf den Plan, kleiner als ein Daumennagel, aber sonst in allen Teilen voll ausgebildet. Sie kriecht an Land, und das alte Spiel kann von neuem beginnen.

Ich habe vom Laichen der Kröten nur deshalb gesprochen, weil es eins der Zeichen des Frühlings ist, die den größten Eindruck auf mich machen. Und weil die Kröte, im Gegensatz zur Lerche und Primel, nie die besondere Beachtung lyrischer Dichter gefunden hat. Ich weiß, daß viele Leute eine Abneigung gegen Reptilien und Amphibien haben, und will auch keineswegs behaupten, daß man sich für Kröten interessieren müßte, um den Frühling schön zu finden. Dafür gibt es ja soviel andere Dinge, den Krokus, die Mistel, den Kuckuck, den Schwarzdorn etc. Entscheidend erscheint mir, daß die Schönheiten des Frühlings jedem zugänglich sind und nichts kosten. Selbst in den verkommensten Straßen meldet sich das Nahen des Frühlings in irgendeiner Form, und sei es durch ein helleres Stück Blau zwischen den Schornsteinen oder das frische Grün an den Zweigen eines Holunders auf einer Trümmerhalde aus der Bombenzeit. Immer wieder staunt man, daß die Natur, sozusagen inoffiziell mitten im Herzen Londons, ihren Weg unbeirrt fortsetzt. Ich habe einen Falken über den Gaswerken von Debtford kreisen sehen und das erstklassige Solo einer Amsel in der Euston Road gehört. In einem Umkreis von vier Meilen müssen Hunderttausende, wenn nicht Millionen Vögel leben, und es ist ein tröstlicher Gedanke, daß keiner auch nur einen halben Penny Miete zu zahlen braucht.

Um auf den Frühling zurückzukommen, so sind nicht einmal die düsteren Straßen um die Bank von England imstande, sich gänzlich gegen ihn zu verschließen. Er schleicht sich überall ein, wie die neuen Giftgase, gegen die kein Filter hilft. Für gewöhnlich wird der Frühling immer wieder als ›Wunder‹ begrüßt, eine abgedroschene Bezeichnung, die aber in den letzten fünf oder sechs Jahren tatsächlich eine neue, lebendige Bedeutung bekommen hat. Nach dem Winter, den wir damals erdulden mußten, erscheint einem der Frühling als Wunder, weil es einem schwerer fällt zu glauben, daß er wirklich kommt. Seit Februar 1940 bin ich so von Mitte Februar ab die fürchterliche Vorstellung nicht losgeworden, der Winter könnte zu einem Dauerzustand werden. Aber Persephone steht etwa um die gleiche Zeit wie die Kröte immer von neuem von den Toten auf. Plötzlich, gegen Ende März, tritt das ›Wunder‹ ein, und das freudlose Elendsviertel, in dem ich wohne, ist mit einem Schlage wie verwandelt. Unten auf dem Platz sind die schwarzen Ligusterbüsche über Nacht hellgrün geworden, die Kastanie entrollt ihre Blätter, Narzissen kommen heraus, der Goldlack setzt Knospen an, und selbst die Uniform des Polizisten gewährt mit ihrem hellen Blau einen frühlingshaften Anblick. Der Fischhändler hat ein freundliches

Lächeln für seine Kunden, und sogar die Sperlinge haben die Farbe ihres Gefieders gewechselt, nachdem sie den balsamischen Hauch in der Luft gespürt und sich zu einem Bad entschlossen haben, dem ersten seit September vorigen Jahres.

Ist es sehr verwerflich, sich am Frühling und andern Veränderungen der Jahreszeiten zu freuen? Um es genauer zu sagen – ist es politisch vertretbar, in einer Zeit, in der wir unter den Ketten des Kapitalismus ächzen oder wenigstens ächzen sollten, das Leben ab und zu lebenswert zu finden? Etwa wenn eine Amsel ihr Lied ertönen läßt oder eine Ulme im Oktober sich gelb färbt oder die Natur uns sonst ein erfreuliches Schauspiel bietet, das gratis ist, aber, wie Redakteure linker Zeitschriften sagen würden, nichts mit Klassenkampf zu tun hat? Diese Anschauung wird fraglos von vielen vertreten.

Aus Erfahrung weiß ich, daß ein Passus in einem meiner Artikel, der auf meine Liebe zur Natur hindeutet, entrüstete Zuschriften zur Folge hat. Wenn der Grundton dieser Zuschriften auch durch das immer wiederkehrende Wort ›sentimental‹ gekennzeichnet ist, scheinen hier zwei Argumente durcheinander zu gehen. Das eine besagt, daß Freude jeglicher Art unter den gegenwärtigen Verhältnissen zu so etwas wie ›politischem Quietismus‹ führt. Die werktätigen Massen, so meint man, müßten in einem Dauerzustand von Unzufriedenheit erhalten werden, und unsere Aufgabe sei es, ihnen ihr Elend noch eindringlicher ins Bewußtsein zu hämmern, statt ihnen erfreuliche Dinge vor Augen zu führen, die sie auch heute schon genießen könnten.

Das andere Argument geht davon aus, daß wir in einem Zeitalter der Technik leben, und daß jeder, der die Technik ablehnt oder auch nur ihren Herrschaftsbereich einzuengen versucht, zum alten Eisen gehört, reaktionär ist und sich leicht der Lächerlichkeit preisgibt. Das wird oft noch durch die Behauptung verstärkt, daß Stadtmenschen gern einer gewissen Naturschwärmerei verfallen, weil sie keine Ahnung haben, was Natur in Wirklichkeit bedeutet. Diejenigen, die beruflich mit ihr zu tun hätten, so wird weiter argumentiert, liebten sie ganz und gar nicht und hätten und besäßen nicht das mindeste Interesse für Vögel und Blumen, und wenn, so ausschließlich unter dem Gesichtspunkt der Nützlichkeit. Sich für Natur begeistern könne nur jemand, der in der Stadt lebe und in der wärmeren Jahreszeit zum Wochenende einen Ausflug ins Grüne unternehme.

Das letzte ist nachweislich falsch. Die ganze mittelalterliche Literatur, einschließlich der Volksballaden, ist von einer fast georgianischen Schwärmerei für die Natur erfüllt, und die Kunst von Bauernvölkern wie der Chinesen und Japaner beschäftigt sich fast ausschließlich mit Bäumen, Vögeln, Blumen, Flüssen und Bergen.

Das erstgenannte Argument ist scheinbar nicht so leicht zu widerlegen, aber nicht weniger falsch. Selbstverständlich sollte Unzufriedenheit bei uns die Grundstimmung sein, es kann sich nie darum handeln, Mittel und Wege zu finden, um aus einer Situation, die auf uns allen lastet, »das Beste zu machen«. Und doch, wenn wir uns unter den gegenwärtigen Umständen jede Freude versagen wollten, wie wird dann die Zukunft aussehen, für die wir kämpfen? Wenn man nicht mehr imstande ist, sich über die Wiederkehr des Frühlings zu freuen, worin besteht dann das Glück in einem rationalisierten Gesellschaftssystem? Was wird der Mensch mit der freien Zeit anfangen, die ihm die Maschine verschafft? Mich hat schon oft der Gedanke bedrückt, ob das Leben nicht Gefahr läuft, eintöniger statt reicher zu werden, wenn einmal alle wirtschaftlichen und politischen Fragen gelöst sein werden, und ob die Freude beim Anblick der ersten Primel nicht wichtiger sein könnte als Eiskrem beim Klang einer Wurlitzer Orgel.

Dadurch, daß man sich die kindliche Freude an Bäumen, Fischen, Schmetterlingen und – um zum Ausgangspunkt zurückzukehren – Kröten erhält, trägt man, wie ich glaube, ein wenig dazu bei, eine friedliche, menschenwürdige Zukunft wahrscheinlicher zu machen. Vertritt man dagegen den Standpunkt, daß nichts so bewundernswert sei wie Stahl und Beton, so trägt man zur Aussicht auf eine Welt bei, in der die überschüssige menschliche Aktivität über keine anderen Ventile verfügt als Haß und Führerkult.

Jedenfalls, der Frühling ist da, sogar in London N. 1, und niemand soll mich hindern, ihn zu genießen. Das ist ein sehr befriedigender Gedanke. Wie oft habe ich Kröten bei der Paarung oder zwei Hasen bei einem Boxkampf in einem grünen Getreidefeld beobachtet und all der gewichtigen Persönlichkeiten gedacht, die mich gern daran gehindert hätten, wenn sie gekonnt hätten. Zum Glück konnten sie nicht. Solange man nicht krank ist, Hunger leidet, in Angst lebt oder in ein Gefängnis oder Ferienlager eingesperrt ist, ist der Frühling noch immer der Frühling. In den Arsenalen türmen sich die Atombomben immer höher, Polizei patrouilliert durch die Städte, eine Flut von Lügen entströmt den Lautsprechern, aber unbeirrt umkreist die Erde die Sonne, und alle Diktatoren und Bürokraten, so sehr sie den Vorgang mißbilligen, sind nicht imstande, ihn zu verhindern.

Tribune, 12. April 1946

Bekenntnisse eines Rezensenten

In einem muffigen, kalten Wohn-Schlafzimmer voll von Zigarettenstummeln und halbgeleerten Teetassen sitzt ein Mann in einem von Motten angefressenen Hausrock an einem wackligen Tisch und versucht, zwischen Stößen von angestaubtem Papier Platz für seine Schreibmaschine zu schaffen. Er kann das Papier nicht fortwerfen, da der Papierkorb schon randvoll ist, und weil sich zwischen den Blättern neben unbeantworteten Briefen und unbezahlten Rechnungen ein Scheck über zwei Pfund befinden könnte, den er mit einer an Sicherheit grenzenden Wahrscheinlichkeit vergessen hat, bei der Bank einzuzahlen. Ferner sind Briefe mit Adressen dazwischen, die er eigentlich in sein Notizbuch hätte eintragen müssen, aber bei dem Gedanken, danach oder überhaupt nach irgend etwas suchen zu müssen, überkommt ihn der unbezwingliche Wunsch, Selbstmord zu begehen.

Der Mann ist fünfunddreißig Jahre alt, sieht aber aus wie fünfzig. Er ist kahl, hat Krampfadern und trägt eine Brille, genau gesagt: er würde sie tragen, wenn sie – seine einzige – nicht ständig unauffindbar wäre. Normalerweise ist er entweder unterernährt, oder er hat einen Kater. Dies nur, falls er kurz zuvor eine Glückssträhne gehabt hat.

Im Augenblick ist es halb zwölf Uhr vormittags. Seinem Programm nach sollte er vor zwei Stunden angefangen haben zu arbeiten, aber hätte er selbst eine ernsthafte Anstrengung in dieser Richtung unternommen, wäre er durch das ununterbrochene Läuten des Telephons, ein schreiendes Baby, das Geknatter eines Preßlufthammers auf der Straße und die schweren Stiefel seiner Gläubiger, welche pausenlos die Treppe herauf- und hinunterpolterten, daran gehindert worden. Die letzte Störung bestand in der zweiten Post, mit der zwei Rundschreiben und eine rot-gedruckte Steuerveranlagung kamen.

Überflüssig zu sagen, daß der Mann Schriftsteller ist. Er könnte Gedichte machen oder Romane schreiben oder Drehbücher für den Film oder für den Funk arbeiten – alle, die etwas mit Literatur zu tun haben, sind einander ziemlich ähnlich. In diesem Fall handelt es sich jedoch um einen, der Bücher bespricht.

Halb unter Stößen von Papier begraben liegt ein umfangreiches Paket, das fünf Bücher enthält. Die Redaktion hat sie ihm mit der Bemerkung zugestellt, er könnte sie vielleicht in einer Besprechung behandeln, da sie recht gut zusammenpaßten. Die Bücher sind vor fünf Tagen eingetroffen, aber der Kritiker litt die letzten achtundvierzig Stunden an moralischer Paralyse, und so war es ihm völlig unmöglich, das Paket zu öffnen. Erst gestern hat er wild entschlossen die Schnur durchschnitten und festgestellt, daß es sich bei den Büchern um folgende Titel handelt: *Palästina am Scheideweg, Milchwirtschaft im Lichte der Wissenschaft, Kurze Geschichte der europäischen Demokratie* (680 Seiten, 4 Pfund Gewicht), *Stammesgebräuche in Portugiesisch-Ostafrika* und einen Roman *Im Liegen lebt sich's leichter* – vermutlich aus Versehen dazwischengeraten. Seine Besprechung, schätzungsweise 800 Worte, muß spätestens bis morgen mittag bei der Redaktion abgeliefert werden.

Bei drei von den Büchern handelt es sich um Themen, von denen er so wenig Ahnung hat, daß er gezwungen sein wird, wenigstens fünfzig Seiten zu lesen, um keinen Blödsinn zu schreiben. Dadurch würde er sich nicht nur beim Autor (der natürlich die Praktiken von Kritikern kennt), sondern auch beim gewöhnlichen Leser blamieren.

Etwa um vier Uhr nachmittags hat er endlich die Bücher aus ihrer Umhüllung befreit, doch noch immer leidet er an einer nervösen Lähmung, die ihn hindert, sie aufzuschlagen.

Der Gedanke, sie lesen zu müssen, ja nur das Papier zu riechen, stimmt ihn so düster wie der Gedanke an kalten Reispudding mit Lebertran. Trotz allem wird sein Manuskript auf geheimnisvolle Weise pünktlich im Verlag eintreffen. Irgendwie ist es immer noch rechtzeitig eingetroffen.

Etwa gegen neun Uhr abends hat er einen verhältnismäßig klaren Kopf, und bis zum frühen Morgen wird er in dem immer kälter werdenden Zimmer sitzen und der Zigarettenrauch sich zu einem undurchdringlichen Nebel verdichten. Mit dem durch Erfahrung geschulten Blick des Kritikers wird er ein Buch nach dem andern durchfliegen, um jedes schließlich mit dem Ausruf aus der Hand zu legen: »Mein Gott, ist das ein Mist!«

Wenn der Tag zu grauen beginnt, wird er hohläugig, unrasiert und denkbar schlecht gelaunt ein bis zwei Stunden auf ein leeres Blatt starren, bis ihn der drohende Finger des Uhrzeigers aufschreckt und an die Arbeit treibt. Und plötzlich ist er mitten im Schreiben, und die alten, abgedroschenen Phrasen wie »Ein Buch an dem niemand vorübergehen sollte . . .« oder »Keine Seite, auf der nicht etwas Bemerkenswertes steht . . .« »Von besonderem Wert sind die Kapitel, die sich mit . . .« etc., etc. ordnen sich reihenweise aneinander wie Eisenfeilspäne unter der Einwirkung eines Magneten.

Die Besprechung hat genau die vorgeschriebene Länge erreicht und ist genau um die drei Minuten früher fertig geworden, die er für den Weg zum Verlag braucht.

Inzwischen ist ein neues Paket mit schlecht zusammengestellten, wenig verlockenden Büchern mit der Post gekommen. So geht es weiter, ohne Ende. Und mit welch kühnen, hochfliegenden Hoffnungen hat der nervöse, geschundene und gehetzte Mann vor noch nicht fünf Jahren seine Laufbahn als Schriftsteller angefangen.

Ist das alles übertrieben? Nun, man braucht nur einen berufsmäßigen Kritiker zu fragen, einen, der, sagen wir, hundert Bücher im Jahr bespricht, ob er ernstlich bestreiten kann, daß es so ist und sich so verhält, wie ich es beschrieben habe. Jeder Schriftsteller gleicht mehr oder weniger meinem Mann, mit der Einschränkung, daß gerade das unaufhörliche, wahllose Besprechen von Büchern eine besonders undankbare, entnervende und aufreibende Arbeit ist. Sie verlangt nicht nur, daß man für Kitsch und leeres Zeug Worte des Lobes finden muß – obwohl auch das dazugehört, wie ich gleich zeigen werde –, sie verlangt vor allem, daß man sich fortgesetzt zwingen muß, zu Büchern Stellung zu nehmen, zu denen man von sich aus nicht die geringste Beziehung hat. Auch ein gehetzter, gelangweilter Kritiker hat sich doch immer ein Interesse an Büchern bewahrt, und unter den Tausenden, die jährlich erscheinen, wird es vermutlich fünfzig oder hundert geben, über die er wirklich mit Vergnügen schreiben würde. Ist er in seinem Beruf eine führende Kapazität, wird er zehn oder zwanzig davon in die Hand bekommen, wahrscheinlicher jedoch nur zwei oder drei. Seine ganze übrige Arbeit, so gewissenhaft er bemüht sein mag, Lob und Tadel gerecht zu verteilen, ist reiner Humbug. Er schüttet seinen unsterblichen Geist in die Gosse, viertelliterweise.

Die meisten Kritiker geben von den Büchern, die sie besprechen, ein unzureichendes oder geradezu irreführendes Bild. Seit dem Kriege ist es Verlegern nicht mehr so leicht möglich wie vorher, literarische Redaktionen unter Druck zu setzen und sich Hymnen auf jedes von ihnen herausgebrachte Buch zu bestellen. Andererseits ist das Niveau der Buchkritik gesunken, teils wegen Platzmangel, teils wegen anderer Schwierigkeiten. Bei dem Resultat, das dabei herauskommt, ist man schon auf den Gedanken verfallen, Bücher nicht mehr von Berufsschriftstellern, sondern, etwa bei Fachbüchern, von Fachleuten besprechen zu lassen, und den größten Teil, besonders Romane, Amateuren zur Besprechung zu geben. Jedes Buch kann im einen oder andern

Leser eine zumindest emotionelle Reaktion hervorrufen, und sei es selbst leidenschaftliche Ablehnung. Seine Ansicht wäre zweifellos interessanter als die eines gelangweilten Berufsschreibers. Leider sind solche Dinge, wie jeder Redakteur weiß, nur schwer zu organisieren. In der Praxis wird er lieber immer wieder auf seinen Stamm zurückgreifen, seine ›Festen‹, wie er sie nennt.

Das alles wird sich nur schwer ändern lassen, solange man es selbstverständlich findet, daß jedes Buch eine Besprechung verdiene. Es ist fast unmöglich, Bücher ›en masse‹ zu kritisieren, ohne die meisten über Verdienst zu loben. Erst wenn man so etwas wie eine berufliche Beziehung zu Büchern bekommen hat, merkt man, wie schlecht die meisten sind. In mehr als neun von zehn Fällen mußte das einzig objektive, wahrheitsgemäße Urteil lauten: ›Völlig wertlos‹, und die subjektive Stellung des Kritikers: ›Das Buch interessiert mich in keiner Weise, und bekäme ich nicht dafür etwas bezahlt, würde ich keine Zeile darüber schreiben.‹ Um das oder ähnliches zu lesen, dafür zahlt das Publikum nicht. Es verlangt eine Art Hinführung zu dem Buch, das ihm angeboten wird, eine Wertung. Sobald jedoch die Frage der Wertung angeschnitten wird, brechen alle Maßstäbe zusammen. Erklärt zum Beispiel ein Kritiker – und jeder erklärt so etwas mindestens einmal in der Woche –, *König Lear* sei ein gutes Stück oder *Die vier Gerechten*[1] ein guter Reißer – was heißt da ›gut‹?

Ich habe es praktisch immer für das Beste gehalten, die meisten Bücher mit Stillschweigen zu übergehen und den wenigen, um die es sich lohnt, mehr Platz einzuräumen, das heißt mindestens tausend Worte. Für Neuerscheinungen könnte sich ein Hinweis von ein bis zwei Zeilen als nützlich erweisen. Die übliche Besprechung mittlerer Länge, also etwa sechshundert Worte, ist und bleibt wertlos, selbst

[1] von Edgar Wallace, erschienen 1905.

wenn dem Kritiker daran liegt, das Buch zu besprechen. Normalerweise hat er kein Verlangen danach. Der Zwang, Woche für Woche Kritiken von der Länge einer Viertelspalte von sich zu geben, macht aus ihm sehr schnell die unglückliche Figur im Hausrock, wie ich sie eingangs beschrieben habe. Zum Glück gibt es auf dieser Welt immer noch einen, auf den er hinuntersehen kann, und nach meiner Erfahrung auf beiden Gebieten kann ich sagen, daß ein Buchkritiker besser dran ist als ein Filmkritiker, der außer Haus arbeiten, bereits um elf Uhr vormittags zu den Pressevorführungen erscheinen und, von einigen rühmlichen Ausnahmen abgesehen, seine bessere Überzeugung für ein Glas schlechten Sherry verkaufen muß.

Tribune, 3. Mai 1946

Politik contra Literatur:
Eine Untersuchung von Gullivers Reisen

In *Gullivers Reisen* wird die Menschheit von wenigstens drei verschiedenen Seiten angegriffen oder kritisiert, wobei sich notwendigerweise der ursprüngliche Charakter Gullivers beträchtlich ändert.

Im ersten Teil ist er der typische Reisende des 18. Jahrhunderts, kühn, praktisch und unromantisch, von gutbürgerlichen Anschauungen, mit denen der Leser gleich am Anfang geschickt durch biographische Einzelheiten vertraut gemacht wird. So mit seinem Alter (er ist zu Beginn seiner Abenteuer ein Mann von vierzig mit zwei Kindern) und dem Inhalt seiner Taschen, vor allem mit dem Fernrohr, das mehrmals erwähnt wird. Im zweiten Teil ist er im wesentlichen der gleiche, außer er verwandelt sich, wo die Erzählung es verlangt, in einen Querkopf, der imstande ist, sein Vaterland als Beschützer der Musen und Waffenkünste, als Geißel Frankreichs etc., etc., in den Himmel zu heben, um gleichzeitig jeden nur aufspürbaren Mißstand in dem Lande anzuprangern, das er angeblich liebt. Im dritten Teil ist er im großen und ganzen der gleiche wie im ersten, obwohl man den Eindruck hat, daß er sozial aufgestiegen ist, da er hauptsächlich mit Höflingen und gebildeten Männern verkehrt. Im vierten Teil verrät er einen Abscheu gegen das Menschengeschlecht, der in den früheren Abschnitten nicht oder nur bis zu einem gewissen Grad erscheint und zu einer Art nicht religiösen Einsiedlertums wird, mit dem einzigen Wunsch, irgendwo allein zu leben, um ungestört über die Vollkommenheit der Houyhnhnms nachzudenken. Immerhin wird Swift zu diesen Sprüngen dadurch gezwungen, daß Gulliver hauptsächlich als Kontrastfigur dient. So ist es zum Beispiel notwendig, ihn im ersten Teil ganz vernünftig und im zweiten wenigstens stellenweise als Querkopf zu zeichnen, da in beiden Büchern das Hauptanliegen das gleiche ist, nämlich den Menschen als Wesen lächerlich zu machen, indem man ihn als ein sechs Inch großes Geschöpf präsentiert. Wenn Gulliver nicht als bloße Marionette handelt, ist seinem Charakter eine Art von Kontinuität eigen, die besonders bei seinem praktischen Einfallsreichtum und der Beobachtung physikalischer Vorgänge auffällt. Er ist fast die gleiche Person, auch in bezug auf den Stil seiner Erzählung, wenn er die Kriegsflotte von Blefuscu an einer Schnur hinter sich herzieht, wenn er der Riesenratte den Bauch aufschlitzt oder in einem kleinen gebrechlichen, aus dem Fell von Yahoos verfertigten Boot auf den Ozean hinaussegelt. Man kann sich nur schwer des Eindrucks erwehren, daß Gulliver in seinen besten Momenten einfach Swift selbst ist, zumindest gibt es ein Vorkommnis, in dem Swift seinem privaten Groll gegen die Gesellschaft seiner Zeit Luft machte. Man wird sich erinnern, daß er beim Brand des Kaiserpalastes von Lilliput die Flammen löscht, indem er seinen Urin über sie ausgießt. Statt daß man ihn zu seiner Geistesgegenwart beglückwünscht, erfährt er, daß er ein Kapitalverbrechen begangen hat, dadurch, daß er im Bereich des Palastes Wasser ließ, und:

»... man versicherte mir insgeheim, daß die Kaiserin in höchster Abscheu vor meiner Tat den entlegensten Flügel des Palastes bezogen hatte, fest entschlossen, jene Gebäude nie wieder für ihren Gebrauch herrichten zu lassen, ja, daß sie es sich in Gegenwart ihrer engsten Vertrauten nicht hatte versagen können, Rache zu schwören ...«

Nach Professor G. M. Trevelyan (*England unter Königin Anna*) ist es Swift nicht gelungen, eine Pfründe zu bekommen, weil Königin Anna über *A Tale of a Tub*[1] schockiert war, eine Schrift, mit der Swift wahrscheinlich der engli-

---

[1] *Erzählung von einer Tonne*, erschienen 1704.

schen Krone einen großen Dienst erwiesen zu haben glaubte, weil darin die Abtrünnigen der Anglikanischen Kirche und mehr noch die Katholiken gegeißelt werden, die Staatskirche aber ungeschoren bleibt. Jedenfalls kann niemand bestreiten, daß *Gullivers Reisen* ein ebenso böses wie pessimistisches Buch ist und besonders im ersten und dritten Teil in kleinlicher Weise politisch Partei nimmt. Kleinlichkeit und Großzügigkeit, Republikanertum und Autoritätsgläubigkeit, Liebe zur Vernunft und Mangel an Neugier, alles in buntem Gemisch. Der Ekel vor dem menschlichen Körper, besonders kennzeichnend für Swift, nimmt nur im vierten Teil eine dominierende Stellung ein, aber dieses ärgerliche Element kommt nicht überraschend. Man fühlt, daß all diese Abenteuer und Wandlungen der Einstellung zu ein und derselben Person gehören, und daß der Zusammenhang zwischen Swifts politischen Überzeugungen und seiner Verzweiflung am Ende eine der interessantesten Aspekte des Buches ist.

Politisch gehört Swift zu denen, die durch die Verrücktheiten der Fortschrittspartei der damaligen Zeit in ein unnatürliches Torytum hineingetrieben wurden. Teil 1 von *Gullivers Reisen,* scheinbar eine Verspottung menschlicher Größe, kann, wenn man etwas schärfer hinsieht, einfach als Angriff auf England, auf die herrschende Whig-Partei und den Krieg gegen Frankreich aufgefaßt werden, der immerhin, so fadenscheinig die Gründe der Alliierten auch sein mochten, Europa vor der Tyrannei einer einzigen reaktionären Großmacht gerettet hat. Swift war kein Jacobit, genaugenommen auch kein Tory, und das von ihm vertretene Kriegsziel war ein Verhandlungsfriede und nicht eine wirkliche Niederlage Englands. Trotzdem ist seine Haltung eine Spur landesverräterisch, was am Ende des ersten Teils deutlich erkennbar wird und der Allegorie des Ganzen ein wenig widerspricht. Als Gulliver aus Lilliput (England) nach Blefuscu (Frankreich) flieht, scheint die Annahme fallengelassen zu sein, daß ein menschliches Wesen, das nur sechs Inch groß ist, zwangsläufig verächtlich wirkt. Während sich die Leute von Lilliput zu Gulliver mit größter Niederträchtigkeit und Gemeinheit benommen haben, kommen ihm die von Blefuscu großzügig und aufrichtig entgegen, und dieser Abschnitt des Buches endet in der Tat in einem ganz anderen Ton als die vorangegangenen Kapitel mit ihrer durchgängigen Enttäuschung. Offensichtlich ist Swift in erster Linie gegen England eingestellt. Es sind »Eure Eingeborenen« (das heißt, Gullivers Landsleute), die der König von Brobdingnag als »die gefährlichste Art von kleinen, abscheulichen Insekten, die mit Erlaubnis der Natur jemals über die Erde gekrochen sind« bezeichnet; und der lange Abschnitt am Schluß, in dem Kolonial- und Eroberungspolitik gegeißelt werden, zielt ganz eindeutig auf England, auch wenn dieses ausdrücklich geleugnet wird. Die Niederländer, Englands Verbündete und Zielscheibe einer der berühmten Streitschriften Swifts, werden gleichfalls mehr oder weniger grundlos im dritten Teil angegriffen. Dort findet sich sogar so etwas wie eine persönliche Bemerkung, und zwar in dem Absatz, in dem Gulliver seiner Befriedigung darüber Ausdruck gibt, daß die verschiedenen von ihm entdeckten Länder niemals Kolonien der Britischen Krone werden könnten:

»Die Houyhnhnms scheinen tatsächlich nicht auf einen Krieg vorbereitet zu sein; Krieg ist eine Wissenschaft, die ihnen vollkommen fremd ist, besonders in bezug auf Schußwaffen. Dennoch könnte ich, angenommen ich wäre ein Minister, nie einen Angriff auf sie befürworten ... Man stelle sich vor, wie 20 000 von ihnen mitten in eine europäische Armee hineinstürmen, die Reihen verwirren, den Wagenpark umstürzen und die Gesichter der Soldaten durch die furchtbaren Schläge ihrer Hinterhufe zu Brei zermalmen.«

In Anbetracht der Tatsache, daß Swift seine Worte nicht vergeudet, scheint der Ausdruck »die Gesichter der Soldaten zu Brei zermalmen« den geheimen Wunsch zu verraten, es möge den unbesiegbaren Armeen des Herzogs von Marlborough ähnlich ergehen. Derartige Andeutungen finden sich auch an andern Stellen. So heißt im dritten Teil das Land, »in dem der Hauptteil der Bevölkerung aus Schnüfflern, Augenzeugen, Informanten, Anklägern, Staatsanwälten, Falschschwörern mit ihren verschiedenen untergeordneten Organen und Helfershelfern besteht, alle im Dienst und Sold der Staatsminister«, *Langdon,* das abgesehen von einem Buchstaben, ein Anagramm von *England* ist. (Da die ersten Auflagen des Buches Druckfehler enthielten, so ist es ursprünglich vielleicht ein vollkommenes Anagramm gewesen.) Swifts physischer Abscheu vor der Menschheit ist sicherlich echt, aber man wird das Gefühl nicht los, daß seine Verachtung menschlicher Größe, seine gehässigen Angriffe auf Lords, Politiker, Günstlinge des Hofes etc. begrenzte Bedeutung und ihren eigentlichen Grund in dem Umstand haben, daß er zu der Partei gehörte, die nicht an der Macht war. Er wendet sich gegen Ungerechtigkeit und Unterdrückung, aber nichts deutet auf eine Zuneigung zur Demokratie hin. Trotz seiner unendlichen geistigen Überlegenheit ist seine Einstellung unausgesprochen eine ähnliche wie die der zahllosen dumm-schlauen Konservativen von heute – Leuten wie Sir Alan Herbert, Professor G. M. Young, Lord Elton, dem Tory-Reform-Ausschuß oder der langen Reihe von Sympathisanten mit dem Katholizismus, angefangen von W. H. Mallock: Leute, die ihre Hauptaufgabe in überflüssigen Witzen über alles sehen, was ›modern‹ oder ›fortschrittlich‹ ist, und deren Ansichten oft um so überspitzter sind, weil sie wissen, daß sie den Gang der Ereignisse nicht beeinflussen können. Schließlich ähnelt ein Pamphlet wie *Ein Argument, um zu beweisen, daß die Abschaffung des Christentums*[1] . . . sehr stark ›Timothy

---

[1] . . . *vielleicht nicht so gute Effekte haben wird etc.,* erschienen 1711.

Shy‹, der ein bißchen echtes Vergnügen an dem ›Gehirn-Trust‹ hat, oder Pater Ronald Knox, der die Irrtümer von Bertrand Russell aufzählt. Und die Leichtigkeit, mit der man Swift die Blasphemien in *A Tale of a Tub* verziehen hat – manchmal sogar von strenggläubiger Seite –, zeigt deutlich, wie schwach der religiöse Glaube im Vergleich zu politischer Gesinnung ist.

Die reaktionäre Seite von Swifts Denken tritt jedoch nicht hauptsächlich in seiner politischen Stellung in Erscheinung. Wichtiger ist seine Einstellung zur Wissenschaft und im weiteren Sinne zur intellektuellen Neugier. Die berühmte ›Akademie von Lagado‹ im dritten Teil von *Gullivers Reisen* ist zweifelsohne eine berechtigte Satire auf die sogenannten Wissenschaftler zur Zeit Swifts. Bezeichnend ist, daß die Mitglieder der Akademie als ›Erfinder‹ beschrieben werden, die also nicht der rein wissenschaftlichen Forschung dienen, sondern sich lediglich damit beschäftigen, neue technische Hilfsmittel aufzuspüren, die arbeitsparend und gewinnbringend sind. Tatsächlich deutet nichts im ganzen Buch darauf hin – vieles spricht eher für das Gegenteil –, daß rein wissenschaftliche Forschung von Swift höher eingeschätzt worden wäre. Die ernsteren Wissenschaftler haben bereits im zweiten Teil ihren Tritt bekommen, wenn der König von Brobdingnag die ›Gelehrten‹ unter seiner Schirmherrschaft beauftragt, nach einer Erklärung für die kleine Figur Gullivers zu suchen:

»Nach vielem Diskutieren kamen sie einstimmig zu dem Schluß, daß ich nur ein *Relplum Scalcath* sei, was wörtlich übersetzt *Lusus Naturae* bedeutet, ein überaus willkommener Begriff für die moderne Philosophie *Europas*, deren Anhänger, die die alte Ausflucht der *okkulten Ursachen* verschmähen, hinter der die Schüler des Aristoteles umsonst ihre Unwissenheit zu verbergen suchten, diese wundervolle Lösung aller Schwierigkeiten ersonnen haben, und zwar zum unaussprechlichen Nutzen der menschlichen Weisheit.«

Wäre dies die einzige Stelle, so könnte man annehmen, daß Swift lediglich ein Feind jeder After-Wissenschaft gewesen sei. Er schiebt jedoch an mehreren Stellen in seine Erzählungen Bemerkungen ein, in denen er die gesamte Wissenschaft und philosophische Spekulation für wertlos erklärt, die nicht auf irgendein praktisches Ziel gerichtet sind.

»Die Bildung der Einwohner von Brobdingnag ist sehr spärlich und beschränkt sich auf die Moral, Geschichte, Poesie und Mathematik, in der sie, wie man zugeben muß, hervorragend sind. Aber letztere ist gänzlich auf das gerichtet, was von Nutzen für das Leben sein und der Verbesserung der Landwirtschaft und aller mechanischen Einrichtungen dienen könnte, so daß sie bei uns nur gering geschätzt werden würde. Und was Ideen, Wesenheiten, Abstraktionen und Transzendentalbegriffe angeht, so konnte ich nie auch nur die leiseste Vorstellung davon in ihren Kopf treiben.«

Die Houyhnhnms, Swifts Idealwesen, sind sogar auf mechanischem Gebiet rückständig. Metalle sind ihnen unbekannt, von Schiffen haben sie nie etwas gehört, sie treiben nicht wirklich Landwirtschaft (es heißt, daß der Hafer, von dem sie leben, ›wild wächst‹), und scheinen noch nicht das Rad erfunden zu haben[1]. Sie haben kein Alphabet und zeigen keine Wißbegierde in bezug auf die Umwelt. Sie glauben nicht, daß es außer ihrem eigenen noch ein anderes bewohntes Land gibt, und wenn ihnen auch die Bewegungen von Sonne und Mond bekannt sind und auch die Natur von Eklipsen – »das ist die äußerste Grenze ihres Fortschritts auf astronomischem Gebiet«.

Im Gegensatz dazu sind die Gelehrten der ›Fliegenden Insel Laputa‹ so ausschließlich von Mathematik absorbiert, daß man ihnen, ehe man mit ihnen sprechen kann, eine Schweinsblase um die Ohren hauen muß, um ihre Aufmerk-

---

[1] Houyhnhnms, die zum Laufen zu alt sind, werden auf »Schlitten« befördert, oder »mit einer Art von Vehikel, das wie ein Schlitten gezogen wird«, also vermutlich ohne Räder (Anm. d. Autors).

samkeit zu erregen. Sie haben eine Liste von 10 000 Fixsternen angefertigt, die periodischen Umläufe von 93 Kometen festgestellt und noch vor den europäischen Astronomen entdeckt, daß der Mars zwei Monde besitzt, lauter Errungenschaften, die Swift offensichtlich für lächerlich, wertlos und uninteressant hält. Wie zu erwarten, ist er der Auffassung, daß der Platz des Wissenschaftlers, wenn er überhaupt einen hat, das Laboratorium ist, und daß wissenschaftliche Erkenntnisse keinen Einfluß auf das politische Geschehen haben:

»Was mir ... nachgerade unverständlich erschien, war die große Vorliebe, die ich bei ihnen für Nachrichten und Politik beobachtete, wobei sie sich persönlich vom Stand der öffentlichen Angelegenheiten überzeugten, ihr Urteil über Staatsgeschäfte abgaben und leidenschaftlich über jede Zeile eines Parteiprogramms diskutierten. Die gleiche Vorliebe habe ich unter den meisten Mathematikern beobachtet, die ich in *Europa* kennengelernt habe, auch wenn ich nie die geringste Verwandtschaft zwischen den beiden Disziplinen habe entdecken können, es sei denn, diese Leute seien der Auffassung, daß, weil der kleinste Kreis ebenso viele Grade enthält wie der größte, die Regulierung und Handhabung der Weltgeschäfte nicht mehr Fähigkeiten erfordere, als einen Globus zu drehen.«

Klingt da nicht etwas Vertrautes in dem Satz an: »Ich konnte nie auch nur die geringste Verwandtschaft zwischen den beiden Disziplinen entdecken«? Er hat genau den gleichen Ton wie die populären, katholischen Kanzelredner, die sehr überrascht tun, wenn ein Wissenschaftler seine Meinung über Fragen äußert, wie die Existenz Gottes oder die Unsterblichkeit der Seele. Der Wissenschaftler, so wird uns erklärt, ist nur für sein begrenztes Fachgebiet zuständig – wie kann da seine Meinung auf einem andern Gebiet von Wert sein? Dabei wird unterstellt, daß Theologie eine genauso exakte Wissenschaft ist wie etwa Chemie, und daß der

Priester gleichfalls Fachmann ist, dessen Schlußfolgerungen auf bestimmte Fragen akzeptiert werden müssen. Swift erhebt denselben Anspruch für den Politiker – er geht nur noch einen Schritt weiter, indem er dem Wissenschaftler, sei es dem ›reinen‹, sei es dem ›anwendenden‹ Forscher jeden Nutzen auch auf dessen ureigenstem Gebiet abspricht. Selbst wenn er den dritten Teil von *Gullivers Reisen* nicht geschrieben hätte, könnte man aus dem übrigen Buch schließen, daß ihm, wie Tolstoi und Blake, der bloße Gedanke, Naturvorgänge zu erforschen, verhaßt ist. Die ›Vernunft‹, die er bei den Houyhnhnms so sehr bewundert, bedeutet nicht unbedingt die Fähigkeit, aus beobachteten Tatsachen logische Schlüsse zu ziehen. Obwohl er sie nicht klar definiert, geht aus dem Zusammenhang doch hervor, daß er damit meistens entweder den ›gesunden Menschenverstand‹ meint, das heißt Sinn für das Offensichtliche und Verachtung alles Rätselhaften und Abstrakten – oder Mangel an Leidenschaft und Aberglauben. Ganz allgemein geht er davon aus, daß wir bereits alles wissen, was wir wissen müßten und nur nicht den richtigen Gebrauch davon machten. Medizin zum Beispiel ist eine wertlose Wissenschaft, weil es keine Krankheiten geben würde, wenn wir nur natürlicher lebten. Dabei ist Swift keineswegs ein Kostverächter oder ein Bewunderer des ›edlen Wilden‹. Er liebt die Zivilisation und alle ihre Errungenschaften und Annehmlichkeiten. Er schätzt nicht nur gute Erziehung, gute Gespräche und sogar literarische und historische Bildung, er weiß auch, daß Landwirtschaft, Schiffahrt und Architektur Gegenstände sind, mit denen man sich beschäftigen, und die man zum eigenen Vorteil verbessern muß. Aber sein unausgesprochenes Ziel ist eine Zivilisation ohne Neu-Gier, die Welt seiner Zeit, ein bißchen sauberer, ein wenig gesünder, ohne radikale Veränderungen und ohne Herumstochern im Unerforschlichen. Und mehr als von einer Persönlichkeit zu erwarten wäre, die so vorurteilslos zu sein scheint, verehrt er die Vergangenheit, besonders die klassische Antike und glaubt, daß der moderne Mensch im Lauf der letzten hundert Jahre stark degeneriert ist[1]. Sein Wunsch auf der ›Insel der Zauberer‹, wo man Tote heraufbeschwören kann:

»Ich verlangte, der Römische Senat sollte in einem großen Saal vor mir erscheinen, und in einem andern Saal das moderne Gegenstück einer regierenden Körperschaft. Ersterer schien eine Versammlung von Helden und Halbgöttern, die andern ein Haufen von Hausierern, Taschendieben, Straßenräubern, nicht zuletzt die Zuhälter, zu sein.«

Obwohl Swift in diesem Abschnitt des dritten Teils hauptsächlich den Wahrheitsgehalt geschichtlicher Überlieferung anzugreifen scheint, verläßt ihn sein kritischer Geist, sobald er sich mit Griechen und Römern befaßt. Auch wenn ihm die Korruption im kaiserlichen Rom nicht entgeht, so hat er doch eine fast unvernünftige Bewunderung für einige der führenden Männer der Antike:

»Ich wurde beim Anblick von *Brutus* von tiefer Verehrung ergriffen und konnte unschwer in jeder Einzelheit seiner Erscheinung edelste Tugend, größte Unerschrockenheit und geistige Festigkeit, tiefste Vaterlandsliebe und umfassende Liebe zur Menschheit entdecken. Ich hatte die Ehre, eingehend mit *Brutus* zu sprechen, und erfuhr, daß sein Vorfahr *Junius* sowie *Sokrates, Epaminondas, Cato der Jüngere, Sir Thomas Moore* und er selber immer zusammen wären, ein *Sextumvirat*, zu dem kein Zeitalter der Welt ein siebentes Mitglied hinzufügen könnte.« Bemerkenswert, daß unter den sechs Genannten nur ein Christ ist. Das ist ein wichtiger Punkt. Addiert man Swifts Pessimismus, seine Verehrung der Vergangenheit, seinen Mangel an Wißbegier und seinen Abscheu vor dem menschlichen Körper zusam-

---

[1] Der körperliche Verfall, den Swift beobachtet haben will, könnte um jene Zeit tatsächlich eingetreten sein. Er führt ihn auf die Syphilis zurück, die damals auftauchte und virulenter war als heute. Auch Branntweine waren im 17. Jahrhundert eine Neuheit und müssen zu einer beträchtlichen Zunahme der Trunksucht geführt haben (Anm. d. Autors).

men, so ergibt sich eine Haltung, die vielen religiösen Reaktionären eigen ist, das heißt Leuten, die eine ungerechte Gesellschaftsordnung mit der Begründung verteidigen, daß diese Welt sich nicht wesentlich verbessern lasse und erst die ›nächste Welt‹ von Bedeutung sei. Trotzdem ist bei Swift kein Anzeichen für religiöse Überzeugungen zu erkennen, wenigstens nicht im üblichen Sinn des Wortes. Er scheint nicht ernsthaft an ein Leben nach dem Tod zu glauben, und seine Vorstellung von Güte ist an Republikanismus, Freiheitsliebe, Mut und ›Wohlwollen‹ (im Sinne von Gemeingeist verstanden), ›Vernunft‹ und andere heidnische Tugenden gebunden. Das erinnert daran, daß er *noch* etwas besitzt, das mit seinem Unglauben an Fortschritt und seinem Haß auf die Menschheit nicht recht in Einklang zu bringen ist.

Zunächst einmal hat er Momente, in denen er ›konstruktiv‹ und sogar ›fortschrittlich‹ ist. Zeitweilige Inkonsequenz ist bei utopischen Büchern fast ein Zeichen von Vitalität, und Swift flicht oft in einen eigentlich satirischen Absatz ein Lob ein. So schiebt er seine Gedanken über Jugenderziehung den Lilliputanern unter, die darüber fast die gleichen Anschauungen haben wie die Houyhnhnms. Die Lilliputaner haben auch verschiedene soziale Einrichtungen und gesetzliche Bestimmungen (zum Beispiel Altersrenten und Prämien für die, welche das Gesetz achten, wie Strafen für andere, die es brechen), deren Einführung in England Swift begrüßt haben würde. Mitten im gleichen Absatz fällt ihm dann wieder ein, daß er eine Satire schreiben wollte, und so setzt er hinzu: »Unter diesem und den folgenden Gesetzen möchte ich die ursprünglichen Einrichtungen verstanden wissen und nicht die skandalösen Verfälschungen, die sie infolge der Degeneration der menschlichen Natur erfahren haben.« Da mit Lilliput England gemeint ist, und es zu den Gesetzen, von denen er spricht, in England niemals eine Parallele gegeben hat, ist klar, daß die Anwandlung zu konstruktiven Hinweisen zuviel für ihn war. Swifts größter Beitrag zum politischen Denken im engeren Sinne des Wortes ist jedoch, besonders im dritten Teil, sein Angriff auf das, was wir heute Totalitarismus nennen. Er hat einen außergewöhnlich klaren Vorausblick auf den von Spionagefurcht besessenen ›Polizei-Staat‹ mit seinen fortwährenden Ketzerjagden und Verratsprozessen, die alle in Wirklichkeit darauf abzielen, das Volk von seiner Unzufriedenheit abzulenken und sie in eine Kriegshysterie umzuwandeln. Dabei muß man berücksichtigen, daß Swift hier ein Gesamtbild aus einem nur kleinen Ansatz entwickelt, denn die schwächlichen Regierungen seiner Zeit lieferten ihm keine Vorbilder, die dann nur von ihm zu übernehmen gewesen wären. Da ist zum Beispiel der Professor an der Schule für politische Planung, »der mir eine umfangreiche Liste mit Anweisungen, die zur Aufdeckung von Komplotts und Verschwörungen führen sollte, zeigte«, und behauptete, man könne die geheimen Gedanken von Menschen aus ihren Exkrementen lesen:

»Weil Menschen nie so ernst und gedankenversunken sind, als wenn sie ihren Stuhlgang verrichten, wie sich aus häufigen Beobachtungen ergeben hat: denn wenn einer in dieser Lage nur zur Probe überlegte, welches die beste Methode sein würde, den König zu ermorden, so nahm sein Stuhl eine grüne Färbung an, ganz anders, wenn er nur daran dachte, einen Aufstand anzuzetteln oder die Hauptstadt in Brand zu setzen.«

Es heißt, Swift sei auf den Professor und dessen These durch den – von unserm Standpunkt aus – weder besonders überraschenden noch empörenden Umstand verfallen, daß in einem damals aktuellen Prozeß die auf der Toilette irgendeiner Persönlichkeit gefundenen Briefe als Beweismaterial verwendet worden waren. Etwas später in dem gleichen Kapitel hat man den Eindruck, sich tatsächlich mitten in den russischen Säuberungsaktionen zu befinden:

»Im Königreich Tribnia, von den Bewohnern Langdon genannt ... besteht der Hauptteil der Bevölkerung aus Spitzeln, Zeugen, Informanten, Denunzianten, Anklageerhebern, Staatsanwälten, Falschschwörern ... Als erstes wird unter ihnen abgesprochen und bestimmt, welche verdächtigen Personen eines Komplotts beschuldigt werden sollen. Dann werden alle Briefe und Schriftstücke beschlagnahmt und deren Eigentümer in Ketten gelegt. Darauf übergibt man die beschlagnahmten Papiere einer Gruppe von Fachleuten, die besonders geschult sind, den geheimen Sinn von Worten, Buchstaben, Silben herauszufinden ... Wo diese Methode versagt, haben sie noch zwei wirksamere zur Verfügung, die von den Gebildeten unter ihnen Akrostichons und Anagramme genannt werden. Bei ersteren handelt es sich darum, in den Anfangsbuchstaben einen politischen Sinn zu entdecken. So bedeutet N eine Verschwörung, B ein Kavallerieregiment, L eine Flotte auf See. Im zweiten Fall tauscht man die Buchstaben des Alphabets in den verdächtigen Schriftstücken gegeneinander aus, und so können sie die geheimsten Absichten einer unzufriedenen Partei an den Tag bringen. Wenn ich zum Beispiel in einem Brief an einen Freund schreiben würde, *Our Brother Tom has just got the Piles* (Unser Bruder Tom hat gerade Hämorrhoiden bekommen), so würde einer der geschickten Entzifferer herausfinden, daß die Buchstaben, aus denen der Satz besteht, bedeuten können: *Resist – a Plot is brought home – The Tour.* (Haltet aus – die Verschwörung ist entdeckt – Der Turm[1]) Das ist die Anagramm-Methode.«

Andere Professoren derselben Schule erfinden vereinfachte Sprachen, verfassen Bücher auf mechanischem Wege und unterrichten ihre Schüler, indem sie den Lehrstoff auf Waffeln schreiben, welche die Schüler dann essen müssen, oder sie arbeiten an einem Plan, die Individualität über-

[1] Der Tower (Anm. d. Autors).

haupt abzuschaffen, wobei einem Menschen ein Teil des Gehirns herausgeschnitten und in den Kopf eines andern eingesetzt werden soll. Etwas seltsam Vertrautes liegt in der Atmosphäre dieses Kapitels, weil es, mit viel Albernheit durchsetzt, die Erkenntnis enthält, daß der Totalitarismus nicht nur dafür sorgen möchte, daß alle das Richtige denken, sondern daß er sie buchstäblich *weniger bewußt* haben möchte. Dann wieder Swifts Bericht über den Führer, der für gewöhnlich über einen Stamm von Yahoos herrscht, und über den ›Günstling‹, der erst dreckige Arbeiten verrichtet und später als Sündenbock dient, das alles paßt sehr gut in den Rahmen unserer eigenen Zeit. Aber können wir aus all dem schließen, daß Swift in erster Linie und hauptsächlich ein Feind der Tyrannei und ein Vorkämpfer der geistigen Freiheit war? Nein. Seine Ansichten, soweit sie erkennbar sind, sind nicht ausgesprochen liberal. Zweifellos galt sein Haß ganz allgemein Lords, Königen, Bischöfen, Generälen, Modedamen, Befehlen, Titeln und jeder Art von Überheblichkeit, aber er scheint vom einfachen Volk nicht besser zu denken als von denen, die es regieren, oder eine größere soziale Gleichheit zu befürworten oder sich für Volksvertretungen zu begeistern. Die Houyhnhnms haben eine Art von Kastenherrschaft errichtet, die ihrem Wesen nach rassistisch ist. Die Arbeitstiere sind von anderer Färbung als ihre Herren und paaren sich nicht mit Angehörigen der Oberschicht. Das Erziehungssystem, das Swift bei den Lilliputanern bewundert, setzte ererbte Klassenunterschiede als selbstverständlich voraus. Die Kinder der Ärmsten gehen nicht zur Schule, weil »ihre Arbeit darin besteht, die Erde umzugraben und zu kultivieren ... weshalb ihre Erziehung von geringer Bedeutung für die Allgemeinheit ist.« Er scheint auch nicht sehr warm für Presse- und Redefreiheit eingetreten zu sein, trotz der Duldung, deren sich seine eigenen Arbeiten erfreuten. Der König von Brobdingnag ist erstaunt über die Vielzahl religiöser und politischer Gruppen in England und äußert die Ansicht, daß jeder, der der Allgemeinheit abträgliche Auffassungen vertritt (womit einfach ketzerische Ansichten gemeint sind), zwar nicht gezwungen werden sollte, sie zu ändern, wohl aber sie für sich zu behalten. Denn »wie es unter jeder Regierung eine Tyrannei wäre, ersteres zu verlangen, wäre es eine Schwäche, das zweite nicht zu erzwingen«. Swifts eigene Auffassung deutet sich etwas versteckter in der Art an, wie Gulliver das Land der Houyhnhnms verläßt.

Hin und wieder erweist sich Swift als Anarchist. Im vierten Teil von *Gullivers Reisen* entwirft er das Bild einer anarchistischen Gesellschaft, die nicht durch Gesetze im gewöhnlichen Sinne regiert wird, sondern durch Diktate der ›Vernunft‹, denen sich der einzelne freiwillig unterwirft. Die Generalversammlung der Houyhnhnms ›ermahnt‹ Swifts Herrn, sich seiner zu entledigen, und die Nachbarn üben Druck auf ihn aus, sich zu fügen. Zwei Gründe werden dafür angeführt. Und zwar erstens, daß die Gegenwart dieses ungewöhnlichen Yahoos die übrigen Stammesmitglieder in Aufruhr versetzen könnte, und zweitens, daß eine freundschaftliche Beziehung zwischen einem Houyhnhnm und einem Yahoo gegen Vernunft und Natur, also etwas sei, was es noch nie gegeben habe. Gullivers Herr ist ziemlich unwillig, sich zu fügen, aber die Ermahnung kann er nicht unbeachtet lassen. (Ein Houyhnhnm wird, wie wir erfahren, niemals zu etwas *gezwungen*, er wird lediglich *ermahnt* oder *beraten*.) Das zeigt deutlich das totalitäre Element in einer anarchistischen oder pazifistischen Gesellschaftsdoktrin, bei der es keine Gesetze und theoretisch keinen Zwang gibt, und das Verhalten des Einzelnen ausschließlich von der allgemeinen Konvention bestimmt wird. Aber diese ist infolge des eisernen Zwanges, der die Herdentiere zusammenhält, weniger tolerant als jede gesetzliche Ordnung. Wenn menschliche Wesen nach dem Satz »Du sollst nicht« regiert werden, so bleibt dem Einzelnen immer noch ein gewisser Spielraum für sich. Werden sie aber etwa durch ›Liebe‹ und ›Vernunft‹ regiert, so unterliegt der Mensch dem ständigen Druck, sich genau so zu benehmen, so zu denken wie alle anderen. Die Houyhnhnms sind, so heißt es, in fast allem gleicher Meinung. Die einzige Frage, über die sie *diskutieren*, ist, wie man die Yahoos behandeln müßte. Davon abgesehen besteht unter ihnen nicht der geringste Anlaß zu irgendwelcher Unstimmigkeit, weil die Wahrheit entweder selbstverständlich oder unerforschlich und also unwesentlich ist. Es gibt in ihrer Sprache offenbar kein Wort für ›Meinung‹, und bei ihren Unterhaltungen keinen ›Unterschied der Gefühle‹. Sie haben tatsächlich die höchste Stufe einer totalitären Gesellschaft erreicht, eine Stufe, auf der eine so allgemeine Gleichheit besteht, daß keine Polizei notwendig ist. Swift ist damit einverstanden, weil zu seinen Gaben weder Wißbegier noch Toleranz gehörten. Meinungsverschiedenheiten wären ihm wie eine perverse Verirrung erschienen. »Vernunft« bei den Houyhnhnms, schreibt er, »ist kein Problem wie bei uns, wo mit Berechtigung über beide Seiten einer Frage diskutiert werden kann, sondern sie überzeugt unmittelbar, wie das immer der Fall ist, wenn sie nicht von Leidenschaften und Interessen verfälscht, verdunkelt oder verfärbt wird.« Mit andern Worten – da wir sowieso alles wissen, wozu noch abweichende Ansichten dulden? Daraus ergibt sich natürlich, daß es in einer totalitären Gesellschaft der Houyhnhnms keine Freiheit und keine Entwicklung geben kann.

Wir sehen in Swift mit Recht einen Rebellen und Bilderstürmer, aber abgesehen von Nebenfragen, wie seinem Eintreten für eine gleiche Erziehung beider Geschlechter, kann man ihn nicht als ›links‹ bezeichnen. Er ist ein anarchistischer Tory, der jede Autorität mißachtet, gleichzeitig nicht an Freiheit glaubt und eine aristokratische Weltanschauung behält, obwohl er klar sieht, daß die Aristokratie im Niedergang begriffen und zu verachten ist. Wenn er eine seiner bekannten Anklagen gegen die Reichen und Mächtigen erhebt, muß man, wie ich bereits ausführte, in Rechnung stellen, daß er zu der weniger erfolgreichen Partei gehörte und vermutlich persönlich enttäuscht war. Die ›draußen‹ sind immer radikaler als die ›drin‹[1]. Aber das Entscheidende bei ihm bleibt seine Unfähigkeit zu glauben, daß das Leben – das gewöhnliche, praktische Leben auf dieser Erde und nicht eine rationalisierte und sterilisierte Version – lebenswert gemacht werden könnte. Natürlich wird kein ehrlicher Mensch behaupten wollen, daß Glückseligkeit *unter den jetzigen Bedingungen* der Normalzustand erwachsener menschlicher Wesen wäre, aber vielleicht *könnte* sie dazu werden, und es ist diese Frage, um die der ganze politische Kampf im Grunde geht. Swift hat vieles – mehr, als man bisher annahm – mit Tolstoi gemein, der gleichfalls nicht an die Möglichkeit irdischer Glückseligkeit glaubte. Bei beiden findet sich eine anarchistische Tendenz, hinter der sich eine autoritäre Geisteshaltung verbirgt.

Beide haben eine ähnliche Abneigung gegen die Wissenschaft, die gleiche Unduldsamkeit mit denen, die ihnen widersprechen, die gleiche Verständnislosigkeit auch wichtigen Fragen gegenüber, die sie nicht persönlich betreffen, und schließlich eine Art Horror vor den praktischen Lebensvorgängen, wobei Tolstoi erst später und auf andere Weise dazu kam. Die sexuelle Glücklosigkeit beider Männer war verschieden, aber bei beiden war die scharfe Ablehnung mit

---

[1] Am Ende des Buches führt Swift als besonders charakteristische Typen menschlicher Verirrung und Niedrigkeit »einen Rechtsanwalt, einen Taschendieb, einen Obersten, einen Verrückten, einen Lord, einen Spieler, einen Politiker, einen Bordellwirt, einen Verräter, einen Arzt, einen Anstifter, einen Denunzianten und ähnliche« an. Wie man sieht, werden die, die sich über die gesellschaftliche Moral hinwegsetzen, mit denen zusammengeworfen, die sie hochhalten. Wenn man einen Oberst anprangert, nur weil er Oberst ist, mit welcher Begründung prangert man dann einen Verräter an? Oder wenn man den Taschendiebstahl bekämpfen will, so benötigt man dazu Gesetze, das heißt also auch Anwälte. Der ganze Schlußabsatz, in dem der Haß offen zutage tritt und die Begründung so unzureichend ist, wirkt unüberzeugend. Man hat das Gefühl, daß hier persönliche Verbitterung zum Ausdruck kommt. (Anm. d. Autors).

einer krankhaften Anziehung verbunden. Tolstoi war ein bekehrter Wüstling, der zuletzt völlige Enthaltsamkeit predigte, während er bis in sein hohes Alter das Gegenteil trieb. Swift war vermutlich impotent und besaß einen übersteigerten Ekel vor menschlichen Ausscheidungen; wie sich in seinem ganzen Werk verfolgen läßt, war es eine Art fixer Idee, und solche Menschen können wahrscheinlich nicht einmal das bißchen Glück genießen, das den meisten Menschen vergönnt ist, und so glauben sie aus offenkundigen Motiven nicht an eine mögliche Verbesserung des irdischen Lebens. Ihr Mangel an Neugier und ihre daraus folgende Unduldsamkeit haben den gleichen Ursprung.

Swifts Ekel, Bitterkeit und Pessimismus hätten einen Sinn vor dem Hintergrund einer ›nächsten Welt‹, wozu die unsere nur ein Vorspiel ist. Da er aber nicht an so etwas zu glauben scheint, muß ein Paradies konstruiert werden, das womöglich auf dieser Erde existiert, sich aber von allem uns Bekannten unterscheidet und frei von allem ist, was er ablehnt – frei von Lüge, Torheit, Wechsel, Begeisterung, Freude, Liebe und Schmutz. Das von ihm gewählte Idealwesen ist ein Pferd, ein Tier, dessen Ausscheidungen keinen Ekel erregen. Die Houyhnhnms sind traurige Kreaturen – das ist so allgemein anerkannt, daß man sich damit nicht lange aufzuhalten braucht. Der Genius Swifts kann sie glaubhaft machen, aber es dürfte nur wenige Leser gegeben haben, in denen sie ein anderes Gefühl als Abneigung hervorgerufen haben. Und das entspringt nicht gekränkter Eitelkeit, weil hier ein Tier dem Menschen vorgezogen wird – denn die Houyhnhnms gleichen den Menschen viel mehr als die Yahoos, und Gullivers Abscheu vor den Yahoos birgt zusammen mit der Erkenntnis, daß sie Geschöpfe seiner eigenen Art sind, einen logischen Widerspruch in sich. Dieser Abscheu überkommt ihn schon beim ersten Anblick. »Auf allen meinen Reisen«, schreibt er, »habe ich nie derart häßliche Tiere gesehen und keines, gegen das ich instinktiv eine so starke Abneigung empfand.« Aber im Vergleich wozu waren die Yahoos so abstoßend? Jedenfalls nicht im Vergleich zu den Houyhnhnms, denn zu dieser Zeit hatte Gulliver noch keine gesehen. Es kann also nur im Vergleich zu sich selbst gemeint sein, das heißt, zu einem menschlichen Wesen. Und später werden wir belehrt, daß die Yahoos wirklich menschliche Wesen sind, und daß Gulliver die menschliche Gesellschaft unerträglich findet, weil alle Menschen Yahoos sind. Wieso, fragt man sich, hat er seinen Abscheu vor den Menschen nicht früher entdeckt? Dazu wird uns erklärt, daß die Yahoos sich in phantastischer Weise von Menschen unterscheiden und doch Menschen sind. Swift überschlägt sich hier in seinem Haß, er ruft seinen Artgenossen zu: »Ihr seid noch widerwärtiger, als Ihr seid!« In der Tat bringt man auch für die Yahoos keine Sympathie auf, aber die Houyhnhnms wirken nicht etwa sympathischer, weil sie die Yahoos unterdrücken. Sie sagen einem so wenig, weil die ›Vernunft‹, die sie leitet, im Grunde eine Todessehnsucht ist. Liebe, Freundschaft, Wißbegierde, Furcht, Sorge, Zorn und Haß – ausgenommen in ihrer Beziehung zu den Yahoos, die etwa die gleiche Stellung innerhalb der Gesellschaft einnehmen wie die Juden in Nazi-Deutschland – liegen ihnen fern. »Sie empfinden keine besondere Zuneigung zu ihren Füllen oder Fohlen, und die Sorgfalt, mit der sie sie aufziehen, wird ausschließlich von der *Vernunft* diktiert.«

Sie legen auf ›Freundschaft‹ und ›Wohlwollen‹ Wert, aber das beschränkt sich nicht auf besondere Einzelwesen, sondern gilt der gesamten Rasse. Sie schätzen Unterhaltungen, aber dabei gibt es nie Meinungsverschiedenheiten, und »nichts kam zur Sprache, was nicht nützlich gewesen wäre, mit den knappsten und treffendsten Worten ausgedrückt«. Sie beachten eine strenge Geburtenkontrolle, jedes Paar bringt nicht mehr als zwei Nachkommen zur Welt und enthält sich danach jeden Geschlechtsverkehrs. Die Gattenwahl wird von den Eltern unter eugenischen Gesichtspunkten bestimmt, und ihre Sprache enthält kein Wort für ›Liebe‹ im geschlechtlichen Sinne. Wenn eins stirbt, geht alles seinen gewöhnlichen Gang weiter, ohne daß ein Gefühl von Trauer aufkommt. Ihr Bestreben geht dahin, unter Beibehaltung ihres physischen Lebens einem Leichnam so ähnlich wie möglich zu werden. Allerdings, die eine oder andere Eigenschaft scheint nicht streng ›vernünftig‹ in dem Sinn zu sein, den sie dem Wort geben. So legen sie größten Wert nicht nur auf körperliche Abhärtung, sondern auch auf Athletik, und auch für Poesie haben sie eine Vorliebe. Diese beiden Ausnahmen mögen weniger willkürlich gewählt sein, als es zunächst den Anschein hat. Swift betonte vermutlich die Körperkräfte der Houyhnhnms, um dadurch auszudrücken, daß sie niemals von den verhaßten Menschen besiegt werden könnten, während die Vorliebe für Poesie ihnen zugeschrieben wird, weil Swift in der Poesie den Gegensatz zur Wissenschaft sah, die von seinem Standpunkt aus unter allen Disziplinen die nutzloseste war. Im dritten Teil bezeichnete er »Vorstellungsvermögen, Phantasie und Erfindungsgabe« als erstrebenswerte Eigenschaften, die den Mathematikern von Laputa (trotz ihrer Liebe zur Musik) völlig gefehlt hätten. Man muß sich erinnern, daß Swift, obwohl ein bewundernswerter Autor satirischer Verse, unter wertvoller Dichtung vermutlich eine Art didaktischer Poesie verstand. Über die Poesie der Houyhnhnms heißt es bei ihm:

»Man muß ihr zugestehen, daß sie der aller übrigen Sterblichen überlegen ist, denn die Richtigkeit ihrer Gleichnisse und ihre Genauigkeit sowie Echtheit der Schilderung sind tatsächlich unnachahmlich. Ihre Verse sind voll von beidem und behandeln entweder begeisterte Vorstellungen über Freundschaft und Wohlwollen oder Lobeshymnen auf Sieger bei Rennen oder anderen Wettkämpfen.«

Leider war selbst der Genius Swifts nicht imstande, eine Probe davon zu liefern, so daß wir uns selbst ein Urteil über die Dichtkunst der Houyhnhnms hätten bilden können. So hat man nur den Eindruck, daß es ziemlich fades Zeug gewesen sein muß und nicht ernstlich in Widerspruch zu den Grundsätzen der ›Vernunft‹.

Glück zu beschreiben ist bekanntlich schwer, und Schilderungen einer gerechten, wohlgeordneten Gesellschaft sind nur selten verlockend oder überzeugend. Den meisten Schöpfern ›beliebter‹ Utopien geht es darum, zu zeigen, was das Leben sein würde, wenn es mehr ausgelebt werden könnte. Swift aber tritt für eine Ablehnung des Lebens ein mit der Behauptung, ›Vernunft‹ bestehe darin, den Instinkt zum Absterben zu bringen. Die Houyhnhnms, geschichtslose Geschöpfe, führen Generation für Generation ein Leben in Klugheit, indem sie ihre Anzahl auf dem stets gleichen Stand halten, heftige Gemütsbewegungen und Krankheiten vermeiden, dem Tod mit Gelassenheit begegnen, ihre Nachkommen nach den gleichen Grundsätzen aufziehen – und das alles wozu? Um den gleichen Lebensablauf bis in alle Ewigkeit fortzusetzen. Der Gedanke, daß das Leben hier und jetzt lebenswert ist oder lebenswert gemacht werden könnte, oder daß es unter Umständen für eine bessere Zukunft geopfert werden muß, ist ihm gänzlich fremd. Die graue Welt der Houyhnhnms war eine so gute Utopie, wie Swift sie sich nur vorstellen konnte, gemessen daran, daß er weder an eine ›nächste‹ Welt glaubte, noch das geringste Vergnügen an bestimmten normalen Betätigungen hatte. Aber diese Utopie wird nicht als etwas an sich Wünschenswertes hingestellt, sondern als Rechtfertigung für einen weiteren Angriff auf die Menschheit. Der Zweck ist, wie immer, den Menschen zu demütigen, indem man ihm vorhält, wie schwächlich und lächerlich er ist und vor allem, daß er stinkt. Der tiefere Grund aber dürfte Neid sein, der Neid des Abgestorbenen auf den Lebenden, der Neid eines Mannes, der weiß, daß er der anderen wegen nicht glücklich sein kann, die, wie er befürchtet, etwas glücklicher sind als er. Die politische Form einer solchen Einstellung muß entweder reaktionär oder nihilistisch sein, denn wer so denkt, möchte die Gesellschaft am liebsten davon abhalten, eine Entwicklung zu nehmen, die seinen Pessimismus Lügen straft. Man kann das erreichen, indem man entweder alles in die Luft sprengt, oder sich jeder sozialen Veränderung in den Weg stellt. Swift sprengte schließlich – auf die vor der Atombombe einzig mögliche Weise – alles in die Luft, indem er dem Wahnsinn verfiel, aber seine politische Einstellung war, wie ich zu zeigen versucht habe, im Ganzen reaktionär.

Nach allem, was ich gesagt habe, könnte man den Eindruck bekommen, ich sei *gegen* Swift und wolle ihn ablehnen oder gar verkleinern. Im politischen und moralischen Sinne bin ich gegen ihn, soweit ich ihn verstehe. Als Schriftsteller aber gehört er zu denen, die ich rückhaltlos bewundere. Besonders von *Gullivers Reisen* könnte ich, wie es scheint, nie genug haben. Ich habe es zum ersten Mal mit acht Jahren gelesen, oder, um genau zu sein, einen Tag bevor ich acht wurde. Ich stahl das Exemplar, das mir am nächsten Tag zum Geburtstag geschenkt werden sollte, und las es heimlich. Seitdem habe ich es bestimmt ein halbes Dutzend Mal gelesen. Sein Zauber scheint unerschöpflich. Wenn ich eine Liste von sechs Büchern aufstellen sollte, die erhalten bleiben müßten, wenn alles andere vernichtet würde, bestimmt würde ich *Gullivers Reisen* darin aufnehmen. Hier taucht die Frage auf: Welche Beziehung besteht zwischen der Zustimmung zu den Auffassungen eines Schriftstellers und dem Genuß an seinen Werken?

Ist man imstande, sich geistig zu distanzieren, so kann man den Wert eines Schriftstellers *einschätzen*, auch wenn man ganz anderer Ansicht ist als er; aber *Genuß* ist eine andere Sache. Nehmen wir an, es gäbe so etwas wie gute oder schlechte Kunst, dann muß dieses Gute oder Schlechte im Kunstwerk selbst angesiedelt sein – natürlich nicht unabhängig vom Betrachter, aber natürlich unabhängig von dessen Stimmung. Es kann daher in einem bestimmten Sinn nicht wahr sein, daß ein Gedicht am Montag gut und am Dienstag schlecht ist. Wertet man jedoch ein Gedicht nach der Zustimmung, die es hervorruft, dann kann es sehr wohl wahr sein, weil Genuß oder Zustimmung subjektive Werte sind, die sich nicht kommandieren lassen. Selbst der kultivierteste Mensch besitzt einen Gutteil seines Lebens hindurch überhaupt keinen ästhetischen Sinn, und die Befähigung, ästhetisch zu empfinden, ist sehr leicht zerstörbar. Wenn man erschrocken oder hungrig ist, an Zahnschmerzen oder Seekrankheit leidet, wird einem *König Lear* vom persönlichen Standpunkt aus nicht besser vorkommen als *Peter Pan*. Vom Intellekt her mag man wissen, daß es besser ist, aber das ist eine bloß erinnerte Tatsache: *empfinden* wird man den Wert von *Lear* erst wieder im normalen Zustand. Und ein ästhetisches Urteil kann eine geradezu erschreckende Änderung erfahren, wenn man politisch oder moralisch anderer Meinung ist – ja noch erschreckender, weil der Grund nicht so leicht erkannt wird. Wenn ein Buch einen ärgert, verletzt oder beunruhigt, wird man es kaum genießen, so groß seine Bedeutung auch sein mag. Wenn es einem geradezu schädlich erscheint, wird man sich eine ästhetische Theorie zurechtlegen, um nachzuweisen, daß es *keinen* Wert besitzt. Die übliche literarische Kritik besteht zu einem großen Teil aus diesem Jonglieren zwischen zwei Standpunkten. Es kann auch das Umgekehrte eintreten, daß der Genuß über die Mißbilligung die Oberhand gewinnt, obwohl man sich klar ist, etwas zu genießen, das man ablehnt. Swift, dessen Weltanschauung unannehmbar war, aber als Schriftsteller große Verbreitung fand, ist ein gutes Beispiel dafür. Wie kommt es, daß wir uns nicht daran stoßen, als Yahoos bezeichnet zu werden, obwohl wir fest davon überzeugt sind, *keine* zu sein?

Es genügt nicht, darauf die übliche Antwort zu geben,

nämlich, daß Swift sich geirrt habe. Er war in der Tat verrückt, aber ein ›guter Autor‹. Es stimmt, daß die literarische Qualität eines Buches bis zu einem geringen Grad unabhängig von seinem Thema ist. Einige Leute haben eine angeborene Begabung, mit Worten umzugehen, so wie andere eine ›gute Nase‹ beim Spielen haben. Es ist oft eine Frage des richtigen Zeitpunktes und eines instinktiven Wissens, wie weit man gehen darf. Ein Beispiel ist der Absatz, den ich hier schon einmal zitiert habe, und der beginnt: »Im Königreich Tribnia, von den Eingeborenen Langdon genannt.« Viel von seiner Überzeugungskraft rührt vom Schlußsatz her: »Und das ist die Anagramm-Methode.« Strenggenommen ist der Satz überflüssig, da wir das entzifferte Anagramm bereits kennen, aber die spöttisch-feierliche Wiederholung, bei der man Swifts eigene Stimme zu hören glaubt, hämmert einem die Idiotie der beschriebenen Tätigkeiten noch einmal ein, sozusagen mit einem letzten Hammerschlag. Aber weder die Kraft und Einfachheit von Swifts Prosa, noch sein Einfallsreichtum, der nicht nur eine, sondern eine Reihe phantastischer Welten glaubwürdiger gemacht hat als die Mehrzahl aller Geschichtsbücher, nichts von alldem würde uns dazu bringen, Swift zu genießen, wenn seine Weltanschauung wirklich verletzen oder schockieren würde. Millionen Menschen in zahlreichen Ländern müssen *Gullivers Reisen* mit Genuß gelesen haben, auch wenn sie mehr oder minder deutlich die gegen den Menschen gerichtete Tendenz gespürt haben. Selbst ein Kind, das sich den ersten und zweiten Teil als einfache Geschichte erzählen läßt, gewinnt den Eindruck von etwas Absurdem bei der Vorstellung von sechs Inch großen Lebewesen. Die Erklärung muß darin liegen, daß Swifts Weltanschauung *nicht* durchgängig als abwegig empfunden wird. Er war ein kranker Mann, litt unter ständigen Depressionen, von denen andere nur zeitweise befallen werden; wir alle kennen diesen Gemütszustand, und sein Ausdruck ruft in uns verwandte Gefühle hervor. Man nehme eins der besonders charakteristischen Werke von Swift, *The Lady's Dressing Room*. Und das verwandte Gedicht: *Upon a beautiful Young Nymph going to Bed*. Was stimmt mehr, der in dem Gedicht enthaltene Ausdruck, oder die Wendung Blakes von »der Göttlichkeit der nackten weiblichen Formen«? Zweifellos kommt Blake der Wahrheit näher, und doch, wer könnte sich eines geheimen Vergnügens erwehren, wenn er die Lüge von der ›weiblichen Zartheit‹, diesen Mythos, einmal entlarvt sieht. Swift verfälscht das ganze Weltbild, weil er im menschlichen Leben nichts als Schmutz, Narrheit und Verderbtheit sehen will. Aber den Teil des Ganzen, den er verallgemeinert, gibt es, und wir alle kennen ihn, auch wenn wir davor zurückschrecken, ihn zu erwähnen. Ein Teil unseres Gehirns – bei jedem normalen Menschen der vorherrschende – glaubt, daß der Mensch ein edles Tier und das Leben lebenswert ist; aber zugleich gibt es eine Art zweites Ich, das wenigstens zeitweise sprachlos den Schrecken des Daseins gegenübersteht. Lebensgenuß und Lebensekel sind in seltsamer Weise miteinander verknüpft. Der menschliche Körper ist schön und gleichzeitig häßlich und lächerlich, wovon man sich in jedem Schwimmbad überzeugen kann. Die Geschlechtsorgane sind ebenso ein Objekt der Begierde wie des Abscheus, und zwar in solchem Maße, daß ihre Bezeichnung in vielen, wenn nicht in allen Sprachen ein Schimpfwort ist. Fleisch ist etwas Köstliches, aber beim Anblick eines Metzgerladens wird einem übel, und letztlich stammt unsere gesamte Nahrung aus Dung und Leichen, den beiden Dingen, die uns von allen am widerlichsten sind. Der junge Mensch, der eben der Kindheit entwachsen ist und die Welt noch unbefangen sieht, wird fast ebenso oft von Ekel wie von Verwunderung ergriffen, Ekel vor Nasenschleim und Auswurf, dem Hundekot auf den Straßen, einer sterbenden Kröte voller Maden, dem Schweißgeruch Erwachsener, der Häßlichkeit alter

Männer mit ihren Glatzen und Nasenwarzen. Bei seinem ausführlichen Herumwühlen in Krankheit, Schmutz und Mißbildung erfindet Swift nichts, aber er läßt etwas aus. Das menschliche Benehmen, besonders das Verhalten in der Politik, ist genau so, wie er es beschreibt, hat aber andere, wichtigere Seiten, die er nicht sehen will. Soweit unsere Erkenntnis reicht, sind Schrecken und Leiden notwendige Elemente für den Fortgang des Lebens auf diesem Planeten. Man kann es pessimistisch sehen wie Swift und sagen: wenn Schrecken und Leiden uns ständig begleiten, wie kann man dann das Leben wesentlich erfreulicher gestalten? Seine Haltung ist in Wahrheit die christliche, ohne den Schwindel mit der »nächsten Welt«, die aber wahrscheinlich auf Gläubige nicht so überzeugend wirkt, wie der Gedanke, daß die Erde ein Jammertal und das Grab eine Ruhestätte ist. Ich bin sicher, daß es eine falsche Haltung ist, die sich auf unser Verhalten negativ auswirken könnte; aber etwas in uns wird damit angesprochen, wie mit den düsteren Worten bei einer Trauerfeier und dem süßlichen Leichengeruch in einer Dorfkirche.

Es wird oft behauptet, jedenfalls von Leuten, die zugestandenermaßen das Thema eines Buches für wichtig halten, daß ein Buch nicht ›gut‹ sein könne, wenn es eine spürbar falsche Weltanschauung vertrete. Man erklärt uns zum Beispiel, daß jedes literarisch wertvolle Buch von heutzutage in seiner Tendenz mehr oder weniger progressiv sei. Dabei wird die Tatsache übersehen, daß im ganzen Verlauf der Geschichte ein ähnlicher Kampf zwischen Fortschritt und Reaktion getobt hat, und daß die besten Bücher jedes beliebigen Zeitalters immer von verschiedenen Standpunkten aus geschrieben worden sind, der eine offenkundig falscher als der andere. Wenn es sich um einen Propagandisten handelt, kann man von ihm nicht mehr verlangen, als daß er aufrichtig an das glaubt, was er schreibt, und daß es nicht verheerend dumm ist. Heute kann man sich durchaus vorstellen, daß ein gutes Buch von einem Katholiken, Kommunisten, Faschisten, Pazifisten, Anarchisten, ja vielleicht sogar von einem altmodischen Liberalen oder gewöhnlichen Konservativen verfaßt ist, dagegen nicht von einem Spiritisten, einem Anhänger Buchmans oder dem Mitglied des Ku-Klux-Klan. Die Anschauungen eines Schriftstellers müssen vom medizinischen Standpunkt aus als gesund gelten und die Kraft kontinuierlichen Denkens aufweisen. Außerdem verlangen wir Talent, das vermutlich nur eine andere Bezeichnung für Überzeugung ist. Was Swift fehlte, war Weisheit im gewöhnlichen Sinne, aber er hatte eine große visionäre Gewalt, und er konnte eine verborgene Wahrheit bloßlegen und sie dann übertreiben und verzerren.

Die Dauerhaftigkeit von *Gullivers Reisen* zeigt, daß eine Weltanschauung, die gerade noch als gesund gelten kann, hinreicht, ein großes Kunstwerk zu schaffen, wenn die Macht eines Glaubens dahinter steht.

Polemic No. 5, September–Oktober 1946

Lear, Tolstoi und der Narr

Tolstois Essays sind von seinem Gesamtwerk am wenigsten bekannt, und sein Angriff auf Shakespeare[1] ist wenigstens in englischer Übersetzung nur schwer aufzutreiben. Vielleicht wird es deshalb nützlich sein, wenn ich mit einer kurzen Inhaltsangabe beginne, ehe ich mich damit auseinandersetze.

Tolstoi fängt mit der Erklärung an, daß sein ganzes Leben hindurch Shakespeare »eine unüberwindliche Abneigung und Langeweile« bei ihm hervorgerufen habe. Er sei sich bewußt gewesen, daß er dabei die Meinung der zivilisierten Welt gegen sich gehabt habe, und daher habe er einen Versuch nach dem andern unternommen, Shakespeares Werke immer wieder gelesen, auf Russisch, Englisch und Deutsch, aber »jedesmal überkam mich unverändert das gleiche Gefühl: Abneigung, Langeweile und Gereiztheit«. Jetzt, im Alter von fünfundsiebzig Jahren, habe er das gesamte Werk einschließlich der historischen Stücke nochmals gelesen und:

»Mich überkam das gleiche Gefühl stärker denn je – diesmal nicht so sehr Gereiztheit, aber die feste, unerschütterliche Überzeugung, daß der unbestreitbare Ruhm eines großen Genies, den Shakespeare hat, Schriftsteller unserer Tage zur Nachahmung und Leser und Zuschauer dazu zwingt, nicht vorhandene Verdienste an ihm zu entdecken, wodurch sie ihr ästhetisches wie ethisches Urteil verfälschen, was ein Unheil ist, wie jede Lüge.«

Shakespeare, fügt Tolstoi hinzu, ist nicht nur kein Genie,

---

[1] *Shakespeare und das Drama,* geschrieben um 1903 als Einleitung eines anderen Essays von Ernest Crosby: *Shakespeare und die Arbeiterklasse* (Anm. d. Autors).

er ist nicht einmal »ein mittelmäßiger Autor«, und um das zu beweisen, nimmt er sich eine Analyse von *König Lear* vor, der, wie er mit Zitaten von Hazlitt, Brandes und andern belegen kann, zu den berühmtesten Stücken Shakespeares gehört und deshalb als Musterbeispiel gelten kann.

Anschließend gibt Tolstoi eine Art Exposé der Fabel von *König Lear,* wobei er auf Schritt und Tritt feststellt, daß das Stück dumm, weitschweifig, unnatürlich, unverständlich, bombastisch, vulgär, langweilig und voll von Unwahrscheinlichkeiten sei, »wilden Wutausbrüchen«, »albernen Witzen«, Anachronismen, Nebensächlichkeiten, Obszönitäten, billigen Theatereffekten und zahllosen anderen Mängeln sowohl moralischer wie ästhetischer Natur. Auf jeden Fall sei *Lear* ein Plagiat, und zwar des früheren und sehr viel besseren *King Leir* eines unbekannten Autors, das Shakespeare gestohlen und dann verdorben habe. Es lohnt sich, einen Absatz wiederzugeben, um die Art zu zeigen, wie Tolstoi zu Werke geht. Die zweite Szene des 3. Aktes, in der Lear, Kent und der Narr im Sturm umherirren, wird folgendermaßen beschrieben:

»Lear wandert auf der Heide umher und spricht Worte, die seine Verzweiflung ausdrücken sollen: er möchte die Winde blasen sehen, bis ihre (der Winde) Kinnladen brächen, der Regen soll alles überfluten und die Blitze sein weißes Haar versengen, der Donner soll die ganze Welt zum Einsturz bringen und jeden Keim zerstören, aus dem ›undankbare Menschen‹ entstehen können. Der Narr äußert inzwischen noch sinnlosere Worte. Kent tritt auf. Lear sagt, daß aus irgendeinem Grund bei diesem Sturm alle Verbrecher aufgespürt und verurteilt werden sollten. Kent, den Lear noch nicht erkannt hat, bemüht sich, ihn zu überreden, in einer Hütte Schutz zu suchen. In diesem Augenblick äußert der Narr eine Prophezeiung, die in keinerlei Zusammenhang mit der Situation steht, und alle gehen ab.«

Tolstois endgültiges Urteil über *Lear* lautet, daß niemand, der nicht einer Hypnose unterliegt, wenn es einen solchen Leser gibt, das Stück bis zu Ende lesen kann, ohne etwas anderes zu empfinden als »Abscheu und Langeweile«. Und dasselbe gilt für alle anderen gepriesenen Dramen von ihm, ganz zu schweigen von den dummen dramatisierten Novellen wie *Perikles, Twelfth Night, Der Sturm, Cymbeline, Troilus und Cressida* etc.

Nachdem er *Lear* abgetan hat, geht Tolstoi zu einer generellen Verurteilung von Shakespeare über. Er meint, er habe eine gewisse technische Geschicklichkeit besessen, die zum Teil darauf zurückzuführen sei, daß er Schauspieler war, aber sonst habe er nicht die geringste Begabung. Weder habe er Figuren auf die Beine stellen noch Dialoge und Handlungen erfinden können, die sich folgerichtig aus einer bestimmten Situation ergeben hätten. Seine Sprache sei eintönig, überladen und lächerlich, fortwährend lege er seine eigenen zufälligen Gedanken irgendeiner seiner Figuren in den Mund, die gerade da sei, er zeige einen »völligen Mangel an ästhetischem Empfinden« und »seine Sprache habe auch nicht das geringste mit Kunst und Dichtung« zu tun. »Shakespeare hätte Gott weiß was sein können«, sagt Tolstoi abschließend, »ein Künstler war er jedenfalls nicht.« Seine Ansichten seien weder originell noch genial oder interessant, und seine ganze Einstellung gehöre »zum Niedrigsten und Unmoralischsten«. Sonderbarerweise stützt sich Tolstoi bei seinem letzten Urteil nicht auf Shakespeares eigene Texte, sondern auf die Äußerungen zweier Kritiker, Gervinus und Georg Brandes. Nach Gervinus (oder jedenfalls dem, was Tolstoi zitiert) »lehrte Shakespeare, *man könne zu gut sein*«, während nach Brandes »Shakespeares Grundauffassung darin besteht, daß *der Erfolg alle Mittel rechtfertigt*«. Tolstoi setzt von sich aus hinzu, daß Shakespeare ein Chauvinist übelster Sorte gewesen sei, daß aber abgesehen davon Gervinus und Brandes eine treffende und der Wahrheit entsprechende Charakterisierung gegeben hätten.

Tolstoi rekapituliert darauf in ein paar Absätzen seine Theorie über Kunst, die er bereits ausführlicher an anderer Stelle dargelegt hatte. Sie läßt sich noch kürzer in die Forderung nach einem würdigen Stoff, Wahrhaftigkeit und gutem handwerklichen Können zusammenfassen. Ein großes Kunstwerk sollte ein Thema behandeln, das »für das menschliche Leben wichtig ist«, es sollte etwas zum Ausdruck bringen, was der Autor wirklich empfindet und denkt und technische Mittel verwenden, welche die angestrebte Wirkung hervorrufen. Da Shakespeare gedanklich belanglos, in der künstlerischen Gestaltung liederlich und keinen Augenblick ehrlich ist, ist der Stab damit über ihn gebrochen.

An diesem Punkt erhebt sich eine schwierige Frage: wenn Shakespeare alles das war, was Tolstoi ihm nachsagt, wie kommt es dann, daß er universell bewundert wird? Die Antwort kann offenbar nur in einer Art von Massenpsychose oder epidemischer Suggestion liegen. Die gesamte zivilisierte Welt ist demnach irgendwie zu dem Irrglauben verführt worden, Shakespeare für einen großen Dichter zu halten, und selbst der klarste Beweis des Gegenteils bleibt wirkungslos, weil man es nicht mit einer fundierten Kritik, sondern einer dem religiösen Glauben verwandten Einbildung zu tun hat. Die ganze menschliche Geschichte, meint Tolstoi, sei voll von solchen »epidemischen Suggestionen«, zum Beispiel die Kreuzzüge, die Suche nach dem Stein der Weisen, der plötzlich über Holland hereingebrochene Wahnsinn, Tulpen zu züchten, und so weiter. Als modernes Beispiel führt er bezeichnenderweise die Affäre Dreyfus an, die die ganze Welt ohne hinreichenden Grund in wildeste Erregung versetzt hätte. Ebenso gäbe es plötzliche kurzlebige Begeisterungsausbrüche für bestimmte politische und physikalische Theorien oder irgendeinen Schriftsteller, Künstler oder Wissenschaftler, zum Beispiel Darwin, der (1903) »schon wieder beginne, in Vergessenheit zu geraten«.

Manchmal könne sich ein Idol des Volkes jahrhundertelang in der Gunst der Massen halten, »denn es kommt auch vor, daß derartige Massensuggestionen, die infolge zufällig günstiger Umstände entstehen, in solchem Maße der vorherrschenden Lebensauffassung der Gesellschaft entsprechen, besonders in literarischen Kreisen, daß sie lange Zeit erhalten bleiben«. Shakespeares Stücke sind deshalb so lange bewundert worden, »weil sie der irreligiösen und amoralischen Geisteshaltung der oberen Gesellschaftsklassen seiner und unserer Zeit entsprochen haben«.

Die *Entstehung* von Shakespeares Ruhm erklärt Tolstoi damit, daß deutsche Professoren Ende des 18. Jahrhunderts ihn »in Mode« gebracht hätten. Er sei zuerst in Deutschland und dann in England anerkannt worden. Die Deutschen suchten sich Shakespeare aus, weil es zu jener Zeit keinen nennenswerten deutschen Dramatiker gab, und die klassische französische Dramatik angefangen habe, steril und künstlich zu erscheinen. Sie waren von Shakespeares »kluger Szenenführung« begeistert und hatten in ihm den ihnen gemäßen Ausdruck ihrer Weltanschauung gefunden. Goethe habe ihn als großen Dichter bezeichnet, worauf sämtliche Kritiker wie eine Schar von Papageien dasselbe nachgeplappert hätten, und dieser Bann habe seitdem angehalten. Die Folge sei ein weiterer Niedergang des Dramas gewesen. Tolstoi ist unparteiisch genug, bei seinem harten Urteil über den Verfall der zeitgenössischen Dramatik und die um sich greifende Korruption der herrschenden moralischen Anschauungen seine eigenen Stücke nicht auszunehmen. Dann folgt, daß die »falsche Verherrlichung Shakespeares« ein Unheil sei, das zu bekämpfen Tolstoi für seine Pflicht hält.

Das ist im wesentlichen der Inhalt der Streitschrift von Tolstoi. Die erste Reaktion darauf ist, daß er mit der Behauptung, Shakespeare sei ein schlechter Autor gewesen, etwas nachweisbar Falsches sagen müsse. Aber das ist nicht der Fall. Es gibt in Wahrheit keinen Beweis oder ein Argument, durch das sich nachweisen ließe, daß Shakespeare oder wer immer ein ›guter‹ Autor ist, ebensowenig läßt sich mit Sicherheit beweisen, daß zum Beispiel Warwick Deeping ein ›schlechter‹ ist. Letztlich gibt es keine Maßstäbe für den Wert eines literarischen Werkes, ausgenommen sein Fortbestehen, das an sich auch nur etwas über die Meinung der zeitgenössischen Mehrheit aussagt. Kunsttheorien wie die von Tolstoi sind ganz wertlos, weil sie nicht nur von willkürlichen Annahmen ausgehen, sondern von vagen Ausdrücken abhängen (›aufrichtig‹, ›bedeutend‹ etc.), die sich beliebig auslegen lassen. Genaugenommen kann man auf Tolstois Angriff überhaupt nicht *antworten*. Die wirklich interessante Frage ist: warum hat er ihn unternommen? Beiläufig sei bemerkt, daß er zahlreiche schwache und hinterhältige Argumente benutzt. Einige sollte man näher untersuchen, nicht um seine Hauptangriffspunkte zu entkräften, sondern weil sie sozusagen einen Beweis für seine gewollte Bösartigkeit bilden.

Zunächst einmal ist seine Untersuchung des *König Lear* nicht ›objektiv‹, wie er zweimal versichert. Im Gegenteil, es ist eine fortgesetzte, bewußt falsche Darstellung. Es liegt auf der Hand, daß eine Inhaltsangabe für jemanden, der das Stück nicht kennt, nicht objektiv ist, wenn man eine wichtige Textstelle (Lears Worte, als Cordelia tot in seinen Armen liegt), auf folgende Weise einleitet: »Wieder beginnen Lears schreckliche Ausbrüche, von denen man sich angewidert fühlt, wie von schalen Witzen«. In zahllosen Fällen ändert Tolstoi die von ihm kritisierten Stellen oder gibt ihnen eine etwas andere Wendung, und zwar immer so, daß die Fabel noch komplizierter oder noch unglaubwürdiger oder die Sprache noch übertriebener erscheint. So wird uns zum Beispiel erzählt, daß für »Lear kein Grund bestanden habe, abzudanken«, obwohl in der ersten Szene des Stückes die Gründe dafür klar angegeben sind (daß er zu alt sei und wünsche, sich von den Staatsgeschäften zurückzuziehen). Ich werde noch darauf zurückkommen, daß Tolstoi selbst an der bereits von mir zitierten Stelle einen Satz absichtlich mißverstanden und den Sinn eines anderen leicht abgeändert hat, wodurch etwas sinnlos wird, was in seinem Zusammenhang völlig vernünftig war. Keine dieser Verdrehungen ist sehr grob, aber in ihrer Häufung steigern sie den Eindruck einer psychologischen Zusammenhanglosigkeit des Stückes. Nochmals, Tolstoi ist nicht imstande, zu erklären, warum Shakespeares Stücke noch zweihundert Jahre nach seinem Tod gedruckt und aufgeführt wurden (*bevor* die ›Massensuggestion‹ begann, wohlgemerkt), und seine These über Shakespeares Aufstieg zum Ruhm ist ein Rätselraten und beruht auf eindeutig falschen Behauptungen. Zudem widersprechen sich viele seiner Beschuldigungen, zum Beispiel: Shakespeare habe nur zur Unterhaltung des Publikums geschrieben, und sei »nicht ernst zu nehmen«, während er anderseits seinen Figuren unaufhörlich seine eigenen Gedanken in den Mund lege. Alles in allem kostet es einen Mühe, anzunehmen, daß Tolstois Kritik auf Überzeugung beruht. Auf keinen Fall kann er im Ernst an seine Hauptthese geglaubt haben, daß nämlich die gesamte zivilisierte Welt ein Jahrhundert lang einem riesigen Schwindel zum Opfer gefallen sei, den er allein imstande war zu durchschauen. Bestimmt ist seine Abneigung gegen Shakespeare echt genug, aber die Gründe dafür mögen verschiedene oder zum Teil andere sein als die, die er angibt. Und das ist das Interessante an seiner Schrift.

An diesem Punkt muß man anfangen zu raten. Immerhin gibt es eine mögliche Erklärung oder eine Frage, die zu einer Erklärung führen könnte. Sie lautet: Warum hat Tolstoi von den dreißig oder mehr Stücken, die zur Verfügung standen, gerade *König Lear* als Zielscheibe genommen? Sicher, *Lear* ist so allgemein bekannt und hoch angesehen, daß er mit Recht als repräsentativ für die besten Werke Shakespeares gelten kann. Dennoch hat Tolstoi vermutlich für seine negative Analyse das Stück gewählt, das er am meisten haßte. Wäre es nicht denkbar, daß der Grund für seine besondere Abneigung gerade gegen dieses Stück darin lag, daß er bewußt oder unbewußt eine Ähnlichkeit zwischen dem Schicksal Lears und seinem eigenen sah? Aber man tut wohl besser daran, auf dem entgegengesetzten Weg nach der Erklärung zu suchen, das heißt, indem man zunächst das Stück selbst und seine Vorzüge untersucht, die Tolstoi verschweigt.

Eines der ersten Dinge, die einem englischen Leser in dem Essay von Tolstoi auffallen würden, ist, daß von Shakespeare als Dichter kaum gesprochen wird. Er wird als Dramatiker behandelt und seine allgemeine Anerkennung, soweit sie echt ist, auf bühnenwirksame Effekte zurückgeführt, die erfahrenen Schauspielern die größten Möglichkeiten geben. Nun, für den ganzen Bereich der englischsprechenden Welt stimmt das nicht.

Viele Stücke, die von Shakespeares Bewunderern am meisten geschätzt werden (zum Beispiel *Timon von Athen*), werden nur selten oder nie aufgeführt, während einige der bühnenwirksamsten Stücke wie *Ein Sommernachtstraum* am wenigsten geschätzt werden. Was Anhänger seiner Kunst an ihm am meisten verehren, ist die Handhabung der Sprache, die ›Wortmusik‹, von der ein anderer gegen ihn eingestellter Kritiker, nämlich Bernard Shaw, zugeben mußte, daß sie »unwiderstehlich« sei. Tolstoi läßt gerade das vollkommen beiseite. Er scheint nicht zu begreifen, daß ein Gedicht von besonderem Wert für die ist, welche die Sprache sprechen, in der es geschrieben ist. Aber selbst wenn man sich an Tolstois Stelle versetzt und versucht, an Shakespeare wie an einen ausländischen Dichter zu denken, so ist doch klar, daß Tolstoi manches unterschlagen hat. Poesie ist, wie es scheint, *nicht* nur eine Frage von Klang und Assoziation, die außerhalb ihres Sprachbereichs ohne Wert ist. Wie wäre es sonst möglich, daß bestimmte Gedichte, selbst Gedichte in einer toten Sprache, alle Grenzen mit Erfolg überwinden konnten? Sicher lassen sich Gedichte wie *Morgen ist Sankt Valentinstag* nicht befriedigend übersetzen, aber in Shakespeares Hauptwerken ist etwas, das man als Poesie bezeichnen könnte, die nicht an das Wort gebunden ist. Tolstoi hat recht, wenn er sagt, daß *Lear* als Theaterstück nicht sehr gut ist. Es ist zu sehr in die Länge gezogen, hat zuviele Figuren und zuviele Nebenhandlungen. *Eine* entartete Tochter hätte vollauf genügt, und Edgar ist eine überflüssige Figur. Es wäre auch wahrscheinlich besser gewesen, hätte man Gloucester und seine beiden Söhne gestrichen. Trotzdem, etwas wie die Struktur oder vielleicht auch nur die Atmosphäre hat sich auf die Dauer als stärker erwiesen als die Verwicklungen und die Längen. Man könnte sich *Lear* als Puppenspiel, Pantomime, Ballett oder eine Reihe von lebenden Bildern vorstellen. Ein Teil seiner Poesie, vielleicht der wesentliche Teil, liegt in der Fabel selbst, unabhängig von besonderen Wortgebilden oder der körperlichen Darstellung.

Man schließe die Augen und denke an *König Lear*, möglichst ohne den Dialog. Was erblickt man? Hier, was ich erblicke: ein majestätischer alter Mann in einem langen schwarzen Gewand, mit wehendem weißen Haar und Bart, eine Gestalt wie von Blake gezeichnet (aber auch, sonderbarerweise, fast wie Tolstoi selbst), der in einem Sturm umherirrt, den Himmel verflucht, begleitet von einem Narren und einem Verrückten. Die Szene wechselt: der alte Mann, noch immer Flüche auf den Lippen, noch immer nichts begreifend, hält ein totes Mädchen im Arm, während der Narr irgendwo im Hintergrund am Galgen schaukelt. Das ist das bloße Knochengerüst des Stückes, und selbst davon möchte Tolstoi noch das meiste streichen. Am Sturm bemängelt er, daß er unnötig ist, der Narr ist in seinen Augen nur eine langweilige Belästigung und ein Anlaß zu dummen Witzen, und Cordelias Tod schließlich beraube das Stück seiner Moral. Nach Tolstoi endet das Stück *King Leir*, das

Shakespeare übernahm und umarbeitete, natürlicher und mehr im Einklang mit den moralischen Forderungen des Zuschauers als bei Shakespeare, weil der König der Gallier die Männer der älteren Töchter besiegt und weil Cordelia, statt getötet zu werden, Lear seine alte Position zurückgibt.

Mit andern Worten, die Tragödie hätte eigentlich eine Komödie oder ein Melodram sein sollen. Es ist zweifelhaft, ob sich das Wesen der Tragödie überhaupt mit dem Glauben an Gott verträgt. Auf jeden Fall widerspricht es dem Glauben an menschliche Würde und der Forderung, daß das Gute zu triumphieren hat. Eine tragische Situation tritt immer dann ein, wenn das Gute *nicht* triumphiert, aber doch der Eindruck entsteht, daß der Mensch edler ist als die Mächte, die ihn vernichten. Es ist sehr bezeichnend, daß Tolstoi keine Berechtigung für die Gestalt des Narren sieht. Der Narr gehört aber zum Stück. Seine Funktion ist nicht nur die eines antiken Chors, der die Haupthandlung durch seine Kommentare intelligenter verdeutlicht als die übrigen Figuren, sondern auch so etwas wie ein Spiegelbild Lears. Seine Witze, Rätsel und gereimten Sprüche, seine zersetzenden ironischen Bemerkungen zu Lears hochfliegender Verrücktheit, vom blanken Hohn bis zu einer Art von melancholischer Poesie (»All Deine andern Titel, weggegeben hast Du, womit Du warst geboren«) sind wie ein Rinnsal gesunden Verstandes, der durch das Stück fließt, wie eine Erinnerung daran, daß trotz aller Ungerechtigkeiten, Grausamkeiten, Intrigen, Enttäuschungen und Mißverständnissen, die hier vorgeführt werden, irgendwo das Leben seinen gewohnten Gang geht. Tolstois Abneigung dem Narren gegenüber verrät etwas von den tieferen Ursachen seines Haders mit Shakespeare. Nicht ganz unberechtigt wirft er ihm in seinen Stücken Zerrissenheit, Häufung von Nebensächlichkeiten, unglaubwürdige Handlung, Übertriebenheit der Sprache vor. Was er aber wohl am meisten verabscheut, ist die Überschwenglichkeit, die Shakespearesche Art, die wirklichen Vorgänge des Lebens nicht so sehr mit Vergnügen, sondern nur mit Interesse zu verfolgen. Es wäre falsch, Tolstoi nur als einen Moralisten zu bezeichnen, der einen Künstler angreift. Er sagt nirgends, daß Kunst an sich verwerflich oder unbedeutend sei, ebensowenig findet er technisches Können unwichtig. Aber sein Hauptanliegen in seinen späteren Jahren war, die menschliche Bewußtseinssphäre einzuschränken. An Interessen, an Kontakten mit der Umwelt und ihrem Alltagskampf sollte es nicht soviel, sondern sowenig wie möglich geben. Die Literatur sollte aus Parabeln bestehen, aller Einzelheiten entkleidet und so gut wie unabhängig von der Sprache. Die Parabel – und hier unterscheidet sich Tolstoi von dem vulgären Durchschnittspuritaner – sollte selbst Kunstwerk sein, wenn auch unter Ausschaltung von Unterhaltung und Neugier. Auch die Wissenschaft sollte frei von Neugierde sein. Deren Aufgabe sei nicht, zu entdecken, was vorgeht, sondern die Menschen zu lehren, wie sie leben sollten. Das gleiche bei Geschichte und Politik. Viele Fragen (zum Beispiel die Affäre Dreyfus) lohnen sich nicht, gelöst zu werden, und er ist dafür, sie auf sich beruhen zu lassen. Seine ganze Theorie über ›epidemischen Wahnsinn‹ und ›Massenpsychosen‹, bei denen er Dinge zusammenwirft wie die Kreuzzüge und die Tulpenzucht in Holland, zeigen allerdings, daß er geneigt ist, das menschliche Treiben vielfach wie das bloße Hin- und Herwimmeln von Ameisen anzusehen, unerklärlich und uninteressant. Natürlich konnte er nicht die Geduld für einen chaotischen, ins Einzelne gehenden, wortreichen Dichter wie Shakespeare aufbringen. Seine Reaktion ist die eines reizbaren alten Mannes, der sich von einem lauten Kind belästigt fühlt: »Warum mußt du in einem fort auf- und abhüpfen? Warum kannst du nicht stillsitzen wie ich?« In gewisser Weise hat der alte Mann recht; aber die Schwierigkeit liegt darin, daß das Kind eine körperliche Vitalität hat, die der alte Mann nicht mehr besitzt. Ist sich der alte Mann dessen bewußt, so steigert es nur noch seine Reizbarkeit, er würde aus Kindern Greise machen, wenn er könnte. Tolstoi weiß vielleicht nicht einmal genau, *was* ihn an Shakespeare so irritiert, er weiß nur, daß er etwas vermißt, und er ist entschieden der Meinung, daß es auch jeder andere vermissen muß. Von Natur war er (ebenfalls) herrschsüchtig und egoistisch. Als er bereits erwachsen war, kam es vor, daß er Diensboten in einem Wutanfall schlug, und noch sehr viel später fühlte er oft, wie sein englischer Biograph Derrick Leon schrieb, »bei dem kleinsten Widerspruch das Verlangen, dem, der nicht mit ihm einer Meinung war, eine Ohrfeige zu versetzen«. Eine derartige Veranlagung wird man nicht automatisch durch religiöse Bekehrung los, im Gegenteil, es liegt auf der Hand, daß infolge der Illusion, eine Wiedergeburt erlebt zu haben, angeborene Untugenden unter Umständen nur noch üppiger gedeihen, wenn auch vielleicht in verfeinerter Form. Tolstoi war imstande, physischer Gewalt abzuschwören und zu begreifen, was damit verbunden war, er war aber außerstande, Toleranz und Demut zu üben. Wenn man nichts von seinen andern Schriften wüßte, könnte man allein aus dem Essay über Shakespeare seine Neigung zu literarischer Streitsucht erkennen.

Immerhin versucht Tolstoi nicht einfach, andern Menschen das Vergnügen zu nehmen, das er selbst nicht empfindet. Er tut es zwar, aber seine Auseinandersetzung mit Shakespeare hat tiefere Ursachen. Es ist eine Auseinandersetzung zwischen der religiösen und der humanistischen Weltanschauung. Damit kommt man auf das zentrale Thema in *König Lear* zurück, das Tolstoi trotz seiner eingehenden Schilderung des Inhalts unerwähnt läßt.

Lear gehört zu der Minderzahl von Shakespearschen Stücken, in denen es unzweifelhaft um einen Zentralgedanken geht. Wie Tolstoi mit Recht kritisiert, ist viel Unsinn über Shakespeare als Philosoph, Psychologe, als »großer Moralprediger« und was sonst zusammengeschrieben worden. Er war kein systematischer Denker, seine tiefsten Gedanken äußert er beiläufig oder indirekt. Wir wissen nicht, wie weit er mit einer bestimmten Absicht schrieb, ja nicht einmal, wie viele der ihm zugeschriebenen Werke wirklich von ihm stammen. In den Sonetten findet sich jedenfalls keinerlei Anspielung auf die Bühnenwerke als Teil seiner Lebensarbeit, obwohl er eine etwas verschämt wirkende Andeutung auf seinen schauspielerischen Beruf zu machen scheint. Es ist durchaus möglich, daß er zumindest die Hälfte seiner Stücke als bloße Brotarbeiten ansah und sich um ihren Sinn oder ihre Glaubwürdigkeit keine Gedanken machte, solange er etwas zusammenflicken konnte, gewöhnlich gestohlenes Material, das sich auf der Bühne mehr oder minder glücklich aneinanderreihen ließ. Dennoch ist das nicht die ganze Geschichte. Zunächst einmal hatte Shakespeare, wie Tolstoi selbst ausführt, die Gewohnheit, irgendeiner seiner Figuren allgemeine, nicht notwendige Betrachtungen in den Mund zu legen. Das ist bei einem Dramatiker ein schwerwiegender Fehler, nur paßt es nicht in das Bild, das Tolstoi von ihm als einem vulgären Stückeschreiber entwirft, der keine eigenen Ansichten hat und nur darauf aus ist, mit den billigsten Mitteln die größtmöglichen Wirkungen zu erzielen. Aber mehr noch – etwa ein Dutzend Stücke, in der Mehrzahl nach 1600 geschrieben, haben unzweifelhaft einen tieferen Sinn und sogar eine Moral. Sie kreisen um ein zentrales Thema, das sich in einigen Fällen in einem Wort ausdrücken läßt. So ist es bei *Macbeth* der Ehrgeiz, bei *Othello* die Eifersucht, bei *Timon von Athen* das Geld. Bei *Lear* ist das Hauptthema Verzicht, und nur wer sich absichtlich taub stellt, versteht nicht, was Shakespeare sagen wollte.

Lear verzichtet auf seinen Thron, erwartet aber, von allen auch weiterhin als König behandelt zu werden. Er sieht nicht voraus, daß andere sich seine Hilflosigkeit zunutze machen, sobald er die Macht aus der Hand gegeben hat, und ebensowenig, daß die, die ihm am meisten schmeicheln, wie Regan und Goneril, sich als erste gegen ihn wenden. Im Augenblick, als er feststellt, daß er niemand mehr zum Gehorsam zwingen kann wie früher, verfällt er in die Raserei, die Tolstoi als »sonderbar und unnatürlich« bezeichnet, die aber in Wahrheit vollkommen zu der Figur paßt.

In seinem Wahnsinn und seiner Verzweiflung durchläuft er zwei Stadien, die wiederum in seiner Lage durchaus natürlich sind, obwohl er in einem vermutlich von Shakespeare als Sprachrohr seiner eigenen Ansichten benutzt wird. Das eine Stadium ist Ekel, in dem Lear sozusagen bereut, König gewesen zu sein, und zum ersten Mal die Verlogenheit formaler Gerechtigkeit und landläufiger Moral erkennt. Das andere ist das Stadium ohnmächtiger Wut, in dem er phantastische Rachepläne gegen die ausbrütet, die ihm Unrecht zugefügt haben. »Hätte ich Tausend, die rote Flammen spuckten und pfeifend auf sie niederstießen« und:

> Ein feiner Plan!
> Ja, eine gute Kriegslist, zu beschlagen
> Die Reiterei mit Filz. Ich will's versuchen,
> Und überrasch' ich so die Schwiegersöhne,
> Dann schlagt sie tot, tot, tot! – Tot, tot!! –

Erst am Ende begreift er wie ein vernünftiger Mensch, daß Macht, Rache und Sieg wertlos sind:

> Nein, nein, nein, nein! Komm! Ins Gefängnis fort . . .
> . . . und so überdenken
> Im Kerker wir den Zank und Streit der Macht,
> Die mit dem Monde ebbt und flutet.

Aber als er zu diesem Schluß kommt, ist es zu spät, denn sein Tod und Cordelias sind bereits beschlossen. Das ist die

Fabel, und abgesehen von einer gewissen Schwerfälligkeit der Darbietung ist es eine gute Fabel.

Aber hat sie nicht eine sonderbare Ähnlichkeit mit Tolstois eigener Geschichte? Eine allgemeine Übereinstimmung ist vorhanden, die man nur schwer übersehen kann, weil der denkwürdigste Vorgang in Tolstois Leben, wie bei Lear, ein großer freiwilliger Verzicht war. In hohem Alter verzichtete er auf seine Güter, seinen Titel und die Rechte an seinen Werken und machte den Versuch – einen ehrlichen Versuch, auch wenn er erfolglos blieb –, seiner privilegierten Stellung zu entsagen und das Leben eines Bauern zu führen. Die tiefere Ähnlichkeit liegt jedoch darin, daß sich Tolstoi, wie Lear, von irrigen Beweggründen leiten ließ, und nicht zu dem erhofften Ergebnis kam. Nach Tolstoi strebt jedes menschliche Wesen danach, Glück zu haben, und Glück ist nur zu erreichen, indem man den Willen Gottes befolgt. Das bedeutet aber, allen irdischen Freuden und Ansprüchen zu entsagen und ausschließlich für andere leben. So wandte sich Tolstoi letztlich von der Welt in der Erwartung ab, glücklicher zu werden. Wenn es aber etwas gibt, was sich mit Bestimmtheit von seinen letzten Jahren sagen läßt, dann dieses, daß er *nicht* glücklich war. Im Gegenteil, er wurde fast bis zum Rande des Wahnsinns durch das Verhalten seiner Umgebung getrieben, die ihn gerade *wegen* seines Verzichtes peinigte. Wie Lear war auch Tolstoi nicht demütig und kein guter Menschenkenner. Es gab Augenblicke, in denen er am liebsten wieder eine aristokratische Haltung eingenommen hätte, trotz seines Bauernkittels. Auch er hatte zwei Kinder, denen er vertraut hatte, und die sich am Ende gegen ihn wandten, wenn auch entsprechend weniger sensationell als Regan und Goneril. Auch in seinem übersteigerten Widerwillen gegen alles Sexuelle besteht eine Übereinstimmung mit Lear. Tolstois Bemerkung, daß »die Ehe Sklaverei, Saturiertheit, Ekel« sei, und ein Leben »umgeben von Häßlichkeit, Schmutz, Gestank und Krankheit«

bedeute, findet ihr Gegenstück in Lears bekanntem Ausbruch:

> Vom Gürtel abwärts sind's Zentauren,
> Weiber nur oberhalb.
> Nur bis zum Gürtel reicht der Götter Erbteil,
> Was drunter, ist des Teufels.
> Da ist die Hölle, da die Finsternis,
> Der Schwefelpfuhl, Brand, Sieden, Stank, Verwesung.

Obwohl Tolstoi sein Ende nicht voraussehen konnte, als er den Essay über Shakespeare schrieb, dieses Lebensende – die plötzliche, unvermittelte Flucht von der Stadt aufs Land, nur von einer treugebliebenen Tochter begleitet, der Tod im Landhaus in einem fremden Dorf –, scheint es etwas von einer gespenstischen Erinnerung an *Lear* in sich zu bergen.

Natürlich ist nicht anzunehmen, daß sich Tolstoi dieser Ähnlichkeit bewußt war oder sie auch nur zugegeben haben würde, hätte man ihn darauf aufmerksam gemacht. Aber seine Einstellung zu dem Stück muß durch das Thema beeinflußt worden sein. Der Verzicht auf eine Machtstellung und die Aufgabe allen Besitzes war ein Stoff, der ihn mit Recht zutiefst anging. Wahrscheinlich ist es die Schlußmoral, die Shakespeare zieht, die ihn erregt und erbittert, mehr als bei irgendeinem andern Stück – zum Beispiel bei *Macbeth* –, das seinem eigenen Leben nicht so ähnelte.

Welches ist nun genau die Moral bei *Lear*? Offenkundig gibt es zweierlei Moral in der Geschichte, die eine ausgesprochen, die andere unausgesprochen.

Shakespeare geht davon aus, daß der freiwillige Verzicht auf Macht zum Angriff einlädt. Das besagt nicht, daß sich nun *jeder* gegen den wehrlos gewordenen wendet (Kent und der Narr bleiben Lear bis zum Ende treu), aber einer wird sich wahrscheinlich finden. Wenn man seine Waffen fortwirft, wird ein anderer sie aufheben, der sich kein Gewissen daraus macht. Wenn du jemandem deine linke Wange hinhältst, so wirst du einen kräftigeren Schlag darauf bekommen, als schon auf die rechte. Das muß zwar nicht immer so sein, aber man darf sich darüber nicht wundern. Daraus ergibt sich in erster Linie die normale, dem gesunden Verstand entsprechende Moral, die der Narr zieht: »Gib deine Macht nicht auf, verschenke nicht deinen Besitz.« Aber es gibt, wie gesagt, noch eine andere. Shakespeare spricht sie nirgends aus, und es ist auch belanglos, ob er sich ihrer gänzlich bewußt war. Sie ist in der Fabel enthalten, die er erfand oder seinem Zweck entsprechend änderte. Sie lautet: »Gib ruhig alles hin, was du besitzt, nur erwarte nicht, dadurch glücklicher zu werden. Mit größter Wahrscheinlichkeit wirst du nicht glücklicher. Wenn du für andere leben willst, dann mußt du auch wirklich für *andere* leben und es nicht als Vorwand benutzen, für dich selbst einen Vorteil dabei herauszuschlagen.«

Es liegt auf der Hand, daß keine von beiden Schlußfolgerungen die Zustimmung von Tolstoi finden konnte. Die erste bringt den gewöhnlichen platten Egoismus zum Ausdruck, den er ehrlich aufzugeben versuchte. Die andere widerspricht seinem Wunsch, den Kuchen zu essen *und* zu behalten – das heißt, seinen Egoismus zu zerstören, um dafür das ewige Leben zu gewinnen. Selbstverständlich ist Lear keine Predigt zugunsten der Nächstenliebe. Es wird lediglich gezeigt, was dabei herauskommt, wenn man aus selbstsüchtigen Motiven Selbstentäußerung übt. Shakespeare besaß eine beträchtliche Portion Realismus, und wäre er vor die Wahl gestellt worden, Partei in seinem Stück zu ergreifen, hätte seine Sympathie wahrscheinlich dem Narren gegolten. Aber er konnte wenigstens das ganze Problem übersehen und es als Tragödie behandeln. Das Laster wird bestraft, aber die Tugend wird nicht belohnt. Die Moral in Shakespeares späteren Stücken ist nicht religiös in gewöhnlichem Sinne und bestimmt nicht christlich. Nur bei *Hamlet* und *Othello* könnte man annehmen, daß sie in der christlichen Epoche spielen und in beiden deutet, abgesehen von der grotesken Geistererscheinung in *Hamlet*, nichts auf eine ›jenseitige Welt‹ hin, in der alles in Ordnung gebracht werden wird. Alle diese Tragödien gehen von der humanistischen Auffassung aus, daß das Leben, trotz aller Sorgen und Nöte, wert ist, gelebt zu werden, und der Mensch ein edles Tier ist – eine Auffassung, die Tolstoi im hohen Alter nicht teilte.

Tolstoi war kein Heiliger, aber er versuchte, mit allen Kräften einen Heiligen aus sich zu machen, und die Maßstäbe, die er an die Literatur legte, waren außer-weltliche. Es ist wichtig, sich darüber klar zu sein, daß der Unterschied zwischen einem Heiligen und einem Durchschnittsmenschen ein Artunterschied und kein Gradunterschied ist, das heißt, daß der eine nicht die unvollkommene Form des andern ist. Ein Heiliger von der Art Tolstois versucht nicht, das Leben auf Erden besser zu gestalten, er versucht, es zu beenden und an seine Stelle etwas anderes zu setzen. Ein deutliches Beispiel dafür ist die Behauptung, das Zölibat stehe ›höher‹ als die Ehe. Wenn wir nur, sagt Tolstoi in Wahrheit, aufhören würden, Nachkommen zu zeugen, zu kämpfen, zu hadern und uns zu vergnügen, wenn wir uns nicht nur von unsern Sünden befreien könnten, sondern von allem, was uns an die Erdoberfläche fesselt – einschließlich Liebe in dem Sinne, daß man sich um ein menschliches Wesen mehr sorgt als um ein anderes –, dann wären wir von aller Pein, aller Bürde befreit, und das Reich Gottes würde kommen. Dem normalen Menschen liegt jedoch gar nicht daran, daß das Reich Gottes kommt, er möchte, daß das Leben auf der Erde seinen Fortgang nimmt, und zwar nicht nur, weil er ›schwach‹ und ›sündig‹ ist und sich einen ›guten Tag‹ machen möchte. Die meisten haben viel Spaß am Leben, auch wenn das Leiden dem die Waage hält, und nur sehr junge oder sehr dumme Menschen bilden sich ein, es sei anders. Letztlich ist es die christliche Anschauung, die von Selbstsucht und Hedonismus geprägt ist, da ihr Ziel darin besteht, dem lästigen, irdischen Lebenskampf zu entfliehen und ewigen Frieden in einer Art von Himmel oder Nirwana zu finden. Die humanistische Auffassung vertritt demgegenüber den Standpunkt, daß der Kampf andauern muß und der Tod den Preis für das Leben darstellt. ›Menschen müssen ihr Vergehen erdulden, so wie sie ihr Erscheinen erdulden mußten: Reif sein ist alles‹ – ein unchristlicher Standpunkt. Oft kommt es scheinbar zu einem Waffenstillstand zwischen Humanisten und Gläubigen, aber in Wahrheit stehen sich hier zwei Anschauungen unversöhnlich gegenüber: man muß sich für diese oder für die nächste Welt entscheiden. Sie treffen diese Entscheidung nur, wenn sie weiterhin Kinder zeugen, arbeiten und sterben und nicht in der Hoffnung auf ein anderes Leben ihre Fähigkeiten verkümmern lassen.

Wir wissen wenig von Shakespeares religiösen Überzeugungen. Aus seinen Werken ist schwer herauszulesen, ob er überhaupt welche besaß. Auf jeden Fall war er kein Heiliger, noch wäre er gern einer geworden. Er war ein Mensch und in gewissem Sinn kein sehr guter. So steht zum Beispiel fest, daß er sich gern an die Reichen und Mächtigen hielt und imstande war, ihnen in servilster Weise zu schmeicheln. In all seinen Stücken sind die Figuren, welche die gesellschaftlichen Zustände attackieren oder die konventionelle Unehrlichkeit durchschauen, entweder komisch oder Schurken oder Verrückte oder Menschen, die sich verrückt stellen oder hysterisch sind. Im *Lear* ist das besonders stark ausgeprägt. In dem Stück ist eine ganze Menge Sozialkritik versteckt – gerade das, was Tolstoi vermißt –, aber sie stammt von dem Narren oder von Edgar, solange er behauptet, verrückt zu sein, oder von Lear in einem seiner Wahnsinnsanfälle. In normalem Zustand macht Lear kaum eine vernünftige Bemerkung. Und doch, die bloße Tatsache, daß

Shakespeare zu solchen Kniffen seine Zuflucht nehmen mußte, beweist, wie groß der Umkreis seines Denkens war. Er konnte sich nicht versagen, zu fast allem Stellung zu nehmen, auch wenn er dazu immer wieder Masken benutzen mußte. Hat man einmal seine Werke gründlich gelesen, fällt es nicht leicht, ihn einen Tag lang nicht zu zitieren. Es gibt keine Frage von größerer Bedeutung, die er unerörtert läßt oder mindestens an irgendeiner Stelle in seiner unsystematischen, aber scharf profilierenden Art erwähnt. Die Wortspiele und Rätsel, die Reihen von Namen, Bruchstücke von Berichten, die Unterhaltung der Boten in *Heinrich IV.* sind Balladen, sie alle gehören zu seiner überschäumenden Lebendigkeit. Shakespeare war weder Philosoph noch Wissenschaftler, aber von Neugier erfüllt. Er liebte das Antlitz der Erde und das Schauspiel des Lebens, was, um es noch einmal zu sagen, nicht dasselbe ist wie sich einen guten Tag zu machen und der Wunsch, so lange wie möglich zu leben. Natürlich ist es nicht die Tiefe seiner Gedanken, der er seinen Nachruhm verdankt, und vielleicht würde man sich seiner nicht einmal als Dramatiker erinnern, wenn er nicht ein Dichter gewesen wäre. Die stärkste Wirkung auf uns geht von seiner Sprache aus. Wie sehr er selber von der Musik des Wortes fasziniert war, läßt sich am besten den Reden Pistols entnehmen. Was Pistol sagt, ist weitgehend bedeutungslos. Aber wenn man jede einzelne Zeile für sich nimmt, wird man finden, daß es großartige rhetorische Verse sind. Sätze klingenden Unsinns (»Laß Fluten überschwemmen und die Vernichter aller Nahrung fortheulen« etc.) stellten sich bei Shakespeare anscheinend unablässig wie von selbst ein, und man mußte schon halb-verrückte Figuren erfinden, um sie zu verwenden. Tolstois Muttersprache war nicht Englisch, und man kann ihm weder vorwerfen, daß Shakespeares Verse ihn kalt ließen, noch daß er es ablehnte, in der Wortgewalt von Shakespeare etwas Außergewöhnliches zu sehen. Aber er hätte überhaupt die ganze

Auffassung von Poesie, das heißt als einer Form von Musik, abgelehnt. Hätte man Tolstoi beweisen können, daß seine Erklärung für den Ruhm Shakespeares auf einem Irrtum beruht, daß jedenfalls in der englischsprechenden Welt eine echte Verehrung für ihn besteht, und daß seine Gabe, Silbe an Silbe zu reihen, Generationen von Menschen englischer Zunge einen großen Genuß bereitet hat, so hätte Tolstoi das alles vermutlich Shakespeare nicht als Verdienst angerechnet, sondern eher als das Gegenteil. Es wäre für ihn nur ein weiterer Beweis für die areligiöse, erdgebundene Natur des Dichters und seiner Verehrer gewesen. Tolstoi hätte gesagt, daß man Poesie nach ihrem Inhalt beurteilen müsse, und daß der verführerische Klang von Versen höchstens dazu diene, einen wertlosen Inhalt zu übertönen. Auf jeder Ebene handelt es sich um die gleiche Frage: diese Welt oder die nächste – und Musik gehört zweifellos zu dieser Welt.

Wie bei Gandhi hat es auch bei Tolstoi immer so etwas wie Zweifel an seinem Charakter gegeben. Er war nicht einfach ein Heuchler, für den ihn manche gehalten haben, und er hätte sicher noch größere Opfer auf sich genommen, wäre er nicht bei jedem Schritt von seiner Umgebung daran gehindert worden, besonders von seiner Frau. Anderseits ist es immer gefährlich, Menschen wie Tolstoi nach ihren Schülern zu beurteilen. Es besteht dabei die Möglichkeit, ja sogar die Wahrscheinlichkeit, daß nichts weiter geschehen ist, als einen Egoismus gegen einen anderen zu tauschen. Tolstoi verzichtete auf Reichtum, Ruhm, Vorrechte, er schwor der Gewalt in jeder Form ab und war bereit, dafür zu leiden. Es fällt schwerer zu glauben, daß er auch der Anwendung von Zwang abschwor oder zumindest dem *Wunsch*, Zwang auf andere auszuüben. Es gibt Familien, in denen der Vater zu seinem Sohn sagt: »Wenn du das noch einmal machst, kriegst du eins hinter die Ohren!« während die Mutter mit Tränen in den Augen das Kind in die Arme nimmt und liebevoll flüstert: »Sag selbst, Liebling, konntest du das Mama zuliebe nicht unterlassen?« Wer wollte bestreiten, daß die zweite Methode die weniger tyrannische ist? Der Unterschied, auf den es wirklich ankommt, ist nicht der zwischen Gewalt und Gewaltlosigkeit, sondern zwischen der Neigung zur Machtausübung und der Abneigung dagegen. Es gibt Leute, die sowohl von der Verwerflichkeit von Armeen wie von Polizei überzeugt und dabei viel intoleranter und inquisitorischer in ihren Anschauungen sind, als Normalmenschen, die glauben, daß es unter bestimmten Umständen notwendig ist, Gewalt anzuwenden. Sie werden nie zu jemandem sagen: »Tu dies und das oder du kommst ins Gefängnis«, aber sie werden sich, wenn sie können, seines Gehirns bemächtigen und ihm bis in die letzten Einzelheiten vorschreiben, wie er zu denken hat. Glaubenslehren wie Pazifismus und Anarchismus, die oberflächlich betrachtet den Verzicht auf Gewalt einzuschließen scheinen, begünstigen das Gegenteil. Tritt man nämlich einer Bewegung bei, die frei vom gewöhnlichen Schmutz der Politik zu sein scheint – einem Glauben also, von dem man für sich selbst keinerlei materielle Vorteile erwarten kann –, so ist das sicherlich ein Beweis dafür, daß man recht hat. Und je fester man davon überzeugt ist, im Recht zu sein, so natürlicher ist der Wunsch, jeden anderen mit allen Mitteln dahin zu bringen, ebenso zu denken.

Wenn wir glauben sollen, was Tolstoi in seinem Pamphlet schreibt, so ist er nie imstande gewesen, in Shakespeare etwas Besonderes zu sehen, und hat nie begriffen, daß seine literarischen Kollegen wie Turgenjew, Fet und andere nicht ebenso dachten wie er. Wir können sicher sein, daß er in den Tagen vor seiner Neugeburt gesagt hätte: »Sie lieben Shakespeare? Ich nicht. Lassen wir es dabei.« Später, als die Einsicht ihn verlassen hatte, daß eine unendliche Vielfalt die Welt ausmacht, kam er darauf, in Shakespeares Werk etwas für ihn selbst Gefährliches zu sehen. Je mehr Menschen sich für Shakespeare begeisterten, desto weniger würden sie auf Tolstoi hören. Deshalb sollte niemand sich für Shakespeare begeistern *dürfen*, so wie niemand Alkohol trinken und Tabak rauchen sollte. Sicherlich konnte Tolstoi niemand mit Gewalt daran hindern. Er verlangte nicht, daß jedes Exemplar polizeilich beschlagnahmt werden würde. Aber er wird ihn heruntermachen, soweit er kann, er wird versuchen, sich ins Gehirn jedes Shakespeare-Liebhabers einzubohren und ihm mit allen erdenklichen Mitteln den Genuß zu verderben, selbst unter Verwendung von Argumenten, die, wie ich in der Inhaltsangabe seines Essays gezeigt habe, einander widersprechen oder von zweifelhafter Wahrheit sind.

Was am Ende am meisten überrascht, ist die Erkenntnis, wie wenig das alles überhaupt besagt. Wie ich schon sagte, kann man auf Tolstois Pamphlet nicht *antworten*, wenigstens nicht in seinen Hauptpunkten. Es gibt keine Beweismittel, mit denen sich ein Gedicht verteidigen läßt. Es verteidigt sich selbst, indem es fortlebt, oder es ist nicht zu verteidigen. Wenn dieser Beweis stimmt, so meine ich, muß das Urteil im Falle von Shakespeare ›nicht schuldig‹ lauten. Wie jeder Schriftsteller wird auch er eines Tages vergessen sein, aber es ist kaum denkbar, daß jemals ein härteres Urteil über ihn gefällt werden könnte. Tolstoi wurde vielleicht von allen Schriftstellern seiner Zeit am meisten bewundert und gehörte auch als Polemiker nicht zu den unbegabtesten. Er griff Shakespeare mit aller ihm zu Gebote stehenden Gewalt an, wie ein Schlachtschiff, das alle Kanonen auf einmal abfeuert. Und was ist das Ergebnis? Vierzig Jahre später ist Shakespeare immer noch vorhanden in seiner ganzen Größe, unversehrt, während von dem Versuch, ihn zu vernichten, nichts übriggeblieben ist als die vergilbten Seiten eines Pamphlets, das kaum jemand gelesen hat und das der Vergessenheit anheimgefallen wäre, wenn Tolstoi nicht auch der Schöpfer von *Krieg und Frieden* und *Anna Karenina* gewesen wäre.

Polemic No. 7, März 1947

Gedanken über Gandhi

Heilige sollte man immer für schuldig halten, solange nicht
ihre Unschuld erwiesen ist, aber die Maßstäbe, die man dabei anlegen muß, sind natürlich nicht in allen Fällen die
gleichen. Im Falle Gandhi ist man geneigt zu fragen, wie
weit er von Eitelkeit bestimmt wurde (dem Bewußtsein seiner selbst als eines bescheidenen, nackten, alten Mannes, der
auf einer Gebetmatte sitzt, imstande, Imperien durch die
Kraft seines Geistes ins Wanken zu bringen) und wieviel er
von seinen eigenen Prinzipien opferte, als er sich auf die
Politik einließ, die ihrem Wesen nach untrennbar mit Gewalt und Betrug verbunden ist. Um das abschließend zu be-
antworten, müßte man Gandhis Handeln und seine Schriften bis ins letzte Detail studieren, denn sein ganzes Leben
war eine Art Pilgerfahrt, bei der jeder Umstand von Bedeutung war. Der erste Teil seiner Autobiographie, der mit
den zwanziger Jahren dieses Jahrhunderts schließt, spricht
stark zu seinen Gunsten, und zwar um so mehr, als er den
Abschnitt umfaßt, den Gandhi als nicht regenerierte Epoche
seines Lebens bezeichnen würde, und einen daran erinnert,
daß in dem Heiligen oder Quasi-Heiligen ein kluger, viel-
seitig begabter Mensch steckte, der, wenn er gewollt hätte,
als Anwalt, Verwaltungsbeamter oder sogar als Geschäfts-
mann eine brillante Karriere hätte machen können.

Etwa um die Zeit, als die Autobiographie[1] zum ersten
Mal erschien, las ich, wie ich mich erinnere, das Anfangska-
pitel auf den schlecht gedruckten Seiten einer indischen Ta-
geszeitung. Es machte einen guten Eindruck auf mich, den

---

[1] *Die Geschichte meiner Erfahrungen mit der Wahrheit* von M. K. Gandhi, übersetzt aus dem Gujarati von Mahadev Desai.

Gandhi damals nicht machte. Alles, was sich mit ihm verband – selbstgesponnene Kleidung, ›seelische Kräfte‹ und vegetarische Nahrung –, bot keinen großen Reiz, und sein mittelalterlich anmutendes Programm war offensichtlich für ein rückständiges, hungerndes, überbevölkertes Land nicht das richtige. Es war weiter klar, daß die Engländer ihn benutzten oder es mindestens glaubten. Genaugenommen war er als Nationalist ihr Feind, aber da er in jeder Krise sich dafür einsetzen würde, Gewalttätigkeiten zu verhindern – was vom englischen Standpunkt dasselbe war, wie die Unterbindung jeder wirksamen Aktion –, sah man in ihm ›unsern Mann‹. Im privaten Gespräch wurde das manchmal mit zynischer Offenheit zugegeben. Die Haltung der indischen Millionäre war ähnlich. Gandhi rief sie zur Buße auf, und natürlich war er ihnen lieber als die Sozialisten und Kommunisten, die ihnen bei der ersten Gelegenheit ihr Geld abgenommen hätten. Wie zuverlässig solche Kalkulationen auf lange Sicht sind, bleibt fraglich, meint doch Gandhi selbst, daß »am Ende die Betrüger nur sich selber betrügen«. Wie dem auch sei, die Zuvorkommenheit, mit der er fast immer behandelt wurde, ging zum Teil auf die Annahme zurück, daß er nützlich sei. Die englischen Konservativen wurden erst wütend auf ihn, als er, wie 1942, seine Gewaltlosigkeit tatsächlich auch einem anderen Eroberer gegenüber zur Anwendung brachte.

Aber selbst damals konnte ich beobachten, daß die Regierungskreise, die gewöhnlich halb belustigt, halb ablehnend über ihn sprachen, ihn aufrichtig gern hatten und bewunderten, je nach Lage der Dinge. Nie wurde der Verdacht laut, er sei korrupt oder im gewöhnlichen Sinne ehrgeizig, oder irgendeine seiner Handlungen sei von Furcht oder Böswilligkeit bestimmt. Bei der Beurteilung eines Mannes wie Gandhi legt man scheinbar strenge Maßstäbe an, so daß einige seiner besten Eigenschaften so gut wie unbemerkt blieben. So wird schon aus der Autobiographie ersichtlich, daß er von Natur aus ungewöhnlichen Mut besaß. Dafür war die Art, wie er starb, später ein weiterer Beweis. Jeder im öffentlichen Leben stehende Mann, der seiner persönlichen Sicherheit auch nur das geringste Interesse beimaß, hätte sich sorgfältiger geschützt. Er dagegen scheint völlig frei von dem, schon an Verfolgungswahn grenzenden Mißtrauen gewesen zu sein, das wie E. M. Forster in *A Passage to India*[1] richtig bemerkt, das hervorstechende indische Übel ist, so wie Heuchelei das englische. Er war ohne Zweifel wach genug, um die Unehrlichkeit zu bemerken, hat aber scheinbar angenommen, daß der Mensch von Natur gut war und man diese Seite nur anzusprechen brauchte. Obwohl er aus armer Familie stammte und sein Leben unter ungünstigen Voraussetzungen begann, auch seiner Erscheinung nach eher unansehnlich war, lagen ihm Neid oder Minderwertigkeitsgefühle fern. Als er zum ersten Mal in Südafrika das Rassenproblem in seiner schlimmsten Form kennenlernte, scheint er eher etwas wie Verwunderung empfunden zu haben. Selbst als er einen Kampf führte, der in Wahrheit ein Rassenkampf war, beurteilte er nie Menschen nach ihrer Rassenzugehörigkeit oder Hautfarbe. Der Gouverneur einer Provinz, ein Baumwollmillionär, ein halbverhungerter Drawidischer Kuli, ein englischer gemeiner Soldat, sie alle waren für ihn unterschiedslos menschliche Wesen, die ziemlich auf die gleiche Weise ansprechbar waren. Bemerkenswert ist, daß ihm selbst unter den denkbar schlechtesten Umständen, in Südafrika, wo er sich zum Wortführer der indischen Kolonie machte, seine europäischen Freunde nicht untreu wurden.

In kurzen Abschnitten für Zeitungsfortsetzungen geschrieben, ist die Autobiographie kein literarisches Meisterwerk, aber um so eindrucksvoller dank der Banalität eines Großteils des darin enthaltenen Materials. Man tut gut,

---

[1] *Auf der Suche nach Indien*, erschienen 1921.

daran zu erinnern, daß Gandhi mit den üblichen Ambitionen indischer Studenten ins Leben trat und seine radikalen Anschauungen nur schrittweise und in manchen Fällen fast gegen seinen Willen annahm. Es ist interessant, daß es eine Zeit gab, in der er einen Zylinder trug, Tanzstunden nahm, Französisch und Lateinisch lernte, auf den Eiffelturm fuhr und sogar Violine spielte, alles mit dem Gedanken, sich der europäischen Zivilisation so vollständig wie möglich anzupassen. Er gehört nicht zu den Heiligen, die sich bereits von klein auf durch ungewöhnliche Frömmigkeit auszeichnen, und ebensowenig zu denen, die nach sensationellen Ausschweifungen der Welt entsagen. Er gesteht rückhaltlos seine Jugendsünden, aber in Wirklichkeit ist da nicht viel zu gestehen. Auf der Titelseite des Buches befindet sich eine Photographie, die alle Habseligkeiten Gandhis zur Zeit seines Todes zeigt. Das Ganze ist kaum mehr wert als fünf Pfund, und wenn man all seine Sünden, wenigstens seine fleischlichen, auf einen Haufen zusammengetragen hätte, würden sie wohl seiner irdischen Habe entsprochen haben. Ein paar Zigaretten, einige Bissen Brot und Fleisch, ein paar in seiner Kindheit der Dienstmagd gestohlene Annas, zweimal der Besuch eines Bordells (beide Male ohne Erfolg), ein gerade eben noch vermiedener Sündenfall mit seiner Wirtin in Plymouth, ein Wutanfall, das ist ungefähr alles. Schon als Kind war er außerordentlich ernst, eher ein ethischer als religiöser Wesenszug, aber bis zu seinem dreißigsten Lebensjahr hat seine Entwicklung noch keine endgültige Richtung genommen. Sein erstes Auftreten in so etwas, wie dem öffentlichen Leben, hing mit seinem Vegetariertum zusammen. Unter seinen weniger bürgerlichen Fähigkeiten spürt man die ganze Zeit die soliden Geschäftsleute aus dem Mittelstand, die seine Vorfahren waren. Man fühlt, daß er selbst zu einer Zeit, in der er bereits jeden persönlichen Ehrgeiz verloren hatte, ein einfallsreicher, energischer Anwalt gewesen sein muß und dazu ein zielbewußter politischer Organisator, immer sorgsam darauf bedacht, die Ausgaben niedrig zu halten, ein geschickter Komiteevorsitzender und unermüdlicher Sammler von Unterschriften. Sein Charakter war außergewöhnlich komplex, wies aber nichts auf, was man hätte aufzeigen und schlecht nennen können. Ich glaube, auch Gandhis erbitterte Feinde werden zugeben müssen, daß er ein besonderer, interessanter Mann war, der die Welt durch sein bloßes Dasein bereicherte. Ob er auch ein liebenswerter Mensch war, und ob seine Lehren irgendeinen Wert für diejenigen besitzen, die jeden religiösen Glauben ablehnen, dessen bin ich nie ganz sicher gewesen.

In späteren Jahren war es üblich, von Gandhi so zu sprechen, als ob er nicht nur mit der westlichen linken Bewegung sympathisiere, sondern ihr geradezu als Mitglied angehöre. Anarchisten und Pazifisten haben ihn besonders für sich in Anspruch genommen, wobei sie auf seine Ablehnung jeder Art von Zentralismus und jeglicher Staatsgewalt verwiesen, jedoch geflissentlich die transzendenten und antihumanistischen Tendenzen seiner Lehre übersahen. Ich meine, man sollte sich darüber klar sein, daß sich Gandhis Lehren nicht mit dem Grundprinzip in Einklang bringen lassen, wonach der Mensch das Maß aller Dinge ist. Unsere Aufgabe besteht darin, das Leben auf dieser Erde lebenswert zu machen, dem einzigen Wirkungsbereich, den wir haben. Seine Lehren haben nur Sinn in der Annahme, daß Gott existiert, und daß die reale Welt eine Illusion ist, der man entfliehen sollte. Es lohnt sich, die Vorschriften näher zu untersuchen, die Gandhi sich auferlegte und die er – auch wenn er vielleicht nicht von jedem seiner Anhänger die genaueste Einhaltung verlangte – für unerläßlich hielt, wenn man Gott und der Menschheit dienen wollte. An erster Stelle stand das Verbot des Genusses von Fleisch und, wenn möglich, jeder Art von Nahrung, die von Tieren stammte. (Gandhi selbst mußte allerdings aus Gesundheitsrücksichten einen Kompromiß in bezug auf Milch schließen, scheint es aber immer als einen Rückfall empfunden zu haben). Weiter keinen Alkohol oder Tabak, keine Gewürze oder Zutaten, selbst nicht einmal aus dem Pflanzenreich, da man nicht um des Essens willen essen sollte, sondern nur um sich bei Kräften zu halten. Zweitens, möglichst kein Geschlechtsverkehr, war das unumgänglich, dann nur zu dem Zweck, Nachkommen zu zeugen, und deshalb nur in langen Abständen. Mitte dreißig legte Gandhi selbst das Gelübde des *Bramahcharya* ab, was nicht nur völlige Keuschheit bedeutet, sondern die Ausschaltung aller sexuellen Begierden. Diese Bedingung ist, wie mir scheint, ohne eine entsprechende Diät und häufiges Fasten schwer zu erfüllen. Eine der Gefahren des Milchtrinkens besteht darin, daß es sexuelle Begierden hervorrufen kann. Und schließlich – und das ist der wesentlichste Punkt für den Gottsucher –, er darf für niemanden besondere Freundschaft oder Liebe empfinden.

Enge Freundschaften sind gefährlich, sagt Gandhi, weil »Freundschaft und Freunde einander beeinflussen« und weil man durch die Ergebenheit einem Freunde gegenüber zu falschen Handlungen verleitet werden kann. Das ist unbestreitbar richtig. Mehr noch – dient man Gott oder der Menschheit als Ganzem, kann man nicht einem einzelnen Menschen den Vorrang geben. Auch das ist richtig, und es bezeichnet den Punkt, an dem die humanistische und die religiöse Weltanschauung nicht mehr in Einklang zu bringen sind. Liebe besagt dem gewöhnlichen Menschen nichts, wenn man nicht einen Menschen mehr liebt als andere. Aus der Autobiographie geht nicht deutlich hervor, ob Gandhi sich seiner Frau und seinen Kindern gegenüber rücksichtslos benahm. Fest steht jedoch, daß er bei drei Gelegenheiten lieber seine Frau und eins seiner Kinder hätte sterben lassen, als ihnen die vom Arzt verschriebene Nahrung tierischen Ursprungs zu verabreichen. Ebenso ist sicher, daß der Tod in diesen Fällen nicht eintrat und ebenso, daß Gandhi – allerdings unter moralischem Druck in entgegengesetzter

Richtung – dem Kranken die Wahl überließ, ob er durch die Begehung einer Sünde sein Leben retten wollte. Dennoch, hätte die Entscheidung allein bei ihm gelegen, hätte er ohne Rücksicht auf das damit verbundene Risiko die Verabreichung von tierischer Kost verboten. Für unser Handeln, sagt er, muß es eine Grenze geben bis zu der wir gehen, um am Leben zu bleiben, und diese Grenze verläuft ein beachtliches Stück diesseits von Hühnerbrühe. Diese Einstellung mag edel sein; aber in dem Sinne, den, wie ich glaube, die meisten Menschen dem Wort beilegen, ist sie unmenschlich. Das Wesentliche des Menschseins liegt darin, nicht Vollkommenheit anzustreben, sondern bereit zu sein, um der Treue zu einem Menschen willen auch eine Sünde zu begehen, das Asketentum nicht so weit zu treiben, daß jede freundschaftliche Verbundenheit unmöglich wird, und sich darauf gefaßt zu machen, am Ende besiegt und mit leeren Händen dazustehen, der unvermeidliche Preis dafür, seine Liebe auf andere menschliche Einzelwesen fixiert zu haben. Zweifellos sind Alkohol, Tabak usw. Dinge, die ein Heiliger meiden sollte, aber auch Heiligkeit ist etwas, was menschliche Wesen vermeiden sollten. Dafür gibt es eine einfache Widerlegung, aber man sollte sich hüten, sie zu machen. In diesem Yoga-besessenen Zeitalter ist man nur zu schnell mit der Annahme bei der Hand, daß es nicht nur besser ist, keine ›Bindungen‹ einzugehen, statt das irdische Leben in vollem Umfang zu bejahen, sondern daß der Durchschnittsmensch ausweicht, weil sie mit zu vielen Schwierigkeiten verbunden sind. Mit anderen Worten, der Durchschnittsmensch ist ein verhinderter Heiliger.

Es ist fraglich, ob das stimmt. Viele Leute haben einfach nicht den Ehrgeiz, Heilige zu sein, und vermutlich haben einige, die Heiligkeit erlangten oder danach strebten, sich nie ernstlich versucht gefühlt, sich wie menschliche Wesen zu benehmen. Wenn man der Frage bis zu ihrem psychologischen Ursprung nachginge, würde man meiner Meinung nach entdecken, daß die Hauptursache für das Nichteingehen von Bindungen in dem Wunsch liegt, der Last des Lebens zu entrinnen, vor allem der Liebe, die geschlechtlich oder nicht, immer ein schweres Stück Arbeit bleibt. An dieser Stelle braucht das Problem nicht näher untersucht zu werden, ob das übersinnliche oder das menschliche Ideal ›höher‹ steht. Entscheidend ist, daß beide unvereinbar sind. Man muß sich für Gott oder den Menschen entscheiden, und alle ›Radikalen‹ und ›Progressiven‹, vom sanftesten Liberalen bis zum wildesten Anarchisten, haben sich für den Menschen entschieden.

Dennoch kann man Gandhis Pazifismus bis zu einem gewissen Grade von seinen andern Lehren trennen. Sein Ursprung war religiös, aber er beanspruchte für ihn auch den Rang einer fest umrissenen Technik, einer Methode, die angestrebte, politische Wirkung zu erzielen. Es war eine andere Haltung als die der meisten westlichen Pazifisten. *Satyargraha*, von Gandhi zuerst in Südafrika entwickelt, war eine Art gewaltloser Kriegführung, eine Form, den Gegner niederzuzwingen, ohne ihn zu verletzen und ohne dabei Haß zu empfinden noch zu wecken. Es umfaßte Dinge wie zivilen Ungehorsam, Streiks, das Blockieren von Bahnlinien durch Niederlegen auf die Schienen, Polizeiattacken durchzustehen ohne davonzulaufen und ohne zurückzuschlagen, und dergleichen mehr. Gandhi war dagegen, *Satyargraha* mit ›passiver Widerstand‹ zu übersetzen. Auf Gujarati scheint das Wort ›Festigkeit in der Wahrheit‹ zu bedeuten. Als junger Mann diente Gandhi als Krankenträger auf englischer Seite im Burenkrieg, und er war bereit, das gleiche im Krieg 1914–18 wieder zu tun. Selbst nachdem er sich völlig von jeder Gewaltanwendung losgesagt hatte, war er ehrlich genug zu gestehen, daß es notwendig sein könnte, in einem Krieg Partei zu ergreifen. Er tat es, und konnte auch nicht anders, nachdem sein Kampf sich ausschließlich um die Gewinnung der nationalen Unabhängigkeit drehte, er bezog nicht die Linie steriler Unehrlichkeit, nach der in einem Krieg beide Seiten gleich viel wert sind, es also keinen Unterschied macht, wer gewinnt. Ebensowenig zog er vor, im Gegensatz zu westlichen Pazifisten, unliebsamen Fragen auszuweichen. Im Zusammenhang mit dem letzten Krieg gab es eine Frage, zu der auch Pazifisten eine klare Antwort zu geben verpflichtet waren: »Was ist mit den Juden? Kann man ruhig zusehen, daß sie ausgerottet werden? Wenn nicht, was schlagen Sie zu ihrer Rettung vor, ohne auf das Mittel des Krieges zurückzugreifen?« Ich muß gestehen, daß ich von keinem Pazifisten im Westen eine ehrliche Antwort auf diese Frage gehört habe, dagegen eine Menge von Ausflüchten. Zufällig wurde an Gandhi eine sehr ähnliche Frage im Jahre 1938 gerichtet. Seine Antwort findet sich in Louis Fischers *Gandhi und Stalin*. Danach vertrat Gandhi den Standpunkt, die deutschen Juden sollten kollektiv Selbstmord begehen, um die ganze Welt und das deutsche Volk gegen Hitlers Gewaltherrschaft aufzurütteln. Nach dem Krieg rechtfertigte er diese Ansicht mit den Worten, die Juden hätten sowieso den Tod gefunden und hätten daher auch um ihrer Sache willen freiwillig sterben können. Man hat den Eindruck, daß eine solche Einstellung selbst einen so großen Gandhi-Bewunderer wie Fischer vor den Kopf stieß, aber Gandhi war nur ehrlich. Wenn man selber kein Leben auslöschen will, so muß man doch damit rechnen, daß das Leben auf andere Weise erledigt wird. Als er 1942 den gewaltlosen Widerstand gegen die Invasion der Japaner propagierte, gab er offen zu, daß das mehrere Millionen Menschenleben kosten könnte.

Man hat allen Grund zur Annahme, daß Gandhi, der schließlich 1869 geboren wurde, um diese Zeit das Wesen des Totalitarismus nicht begriff und alles unter dem Gesichtspunkt seines Kampfes gegen die englische Regierung sah. Der entscheidende Punkt dabei war nicht, daß die englische Regierung ihn mit Nachsicht behandelte, sondern daß er immer in der Lage war, sich Gehör zu verschaffen. Wie aus dem oben zitierten Satz hervorgeht, glaubte er »die Welt aufrütteln zu können«. Das ist aber nur denkbar, wenn die Welt die Möglichkeit bekommt, über die betreffenden Vorgänge informiert zu werden. Man sieht nur schwer, wie Gandhis Absicht sich in einem Lande hätte durchführen lassen, in dem Gegner des Regimes mitten in der Nacht verschwanden, ohne daß man je wieder von ihnen hörte. Ohne Presse- und Versammlungsfreiheit ist es nicht nur unmöglich, an die Weltöffentlichkeit zu appellieren, sondern auch eine Massenbewegung auszulösen, ja nicht einmal dem Gegner den eigenen Standpunkt zur Kenntnis zu bringen. Wäre in Rußland in diesem Augenblick ein Gandhi denkbar? Selbst wenn, was könnte er erreichen? Wenn die gleiche Idee alle gleichzeitig ergriffe, könnten sie einen zivilen Ungehorsamkeitsfeldzug durchführen, aber nach den Erfahrungen mit der Hungersnot in der Ukraine, würde auch das nichts ändern. Aber angenommen, es ließe sich ein gewaltloser Widerstand gegen die eigenen Regierungen oder fremde Besatzungsmächte wirksam organisieren, wie will man das international zur Wirkung bringen? Die Widersprüche in verschiedenen Äußerungen Gandhis über den letzten Krieg scheinen darauf hinzudeuten, daß er diese Schwierigkeiten gekannt hat. Auf die Außenpolitik angewandt, hört der Pazifismus entweder auf, pazifistisch zu sein, oder führt zur Unterwerfung. Überdies muß die Voraussetzung Gandhis, die sich im Umgang mit Einzelpersonen so erfolgreich erwies – daß nämlich Menschen mehr oder weniger auf ein großzügiges Entgegenkommen in der gleichen Weise antworten, ernstlich bezweifelt werden. Es ist zum Beispiel nicht unbedingt zutreffend, wenn man es mit Irren zu tun hat. Dann erhebt sich die Frage: Wer ist normal? War Hitler normal? Und wäre nicht denkbar, eine ganze Kultur, gemessen an einer anderen, als anormal zu bezeichnen? Und soweit man die Gefühle einer ganzen Nation messen kann: besteht irgendein nachweisbarer Zusammenhang zwischen einer großzügigen Handlung und einer freundschaftlichen Erwiderung darauf? Ist Dankbarkeit ein Element der internationalen Politik?

Diese und ähnliche Fragen bedürfen einer eingehenden Erörterung und zwar dringend, da uns vielleicht nur noch wenige Jahre bleiben, ehe jemand auf den Knopf drückt und die Raketen zu fliegen beginnen. Es ist fraglich, ob die Zivilisation noch einen Weltkrieg überleben kann, und es wäre durchaus denkbar, daß der einzige Ausweg in der Gewaltlosigkeit liegt. Gandhi wäre bereit gewesen – und das gehört zu seinen besten Eigenschaften –, die oben von mir angeschnittenen Fragen einer ernsten Prüfung zu unterziehen, und wahrscheinlich hat er diese Fragen und ähnliche in einem seiner unzähligen Zeitungsartikel behandelt. Man merkt, daß es vieles bei ihm gab, das er nicht verstand, aber es gab nichts, das er nicht zu sagen oder zu denken gewagt hätte. Ich habe nie viel Sympathie für ihn aufbringen können, bin aber nicht sicher, ob er als politischer Denker in der Hauptsache nicht recht hatte. Ich glaube auch nicht, daß sein Leben verfehlt war. Als er dem Attentat zum Opfer fiel, erklärten viele seiner wärmsten Bewunderer sonderbarerweise, er habe lange genug gelebt, um sein Lebenswerk in Trümmer sinken zu sehen. In Indien tobte ein Bürgerkrieg, der als Nebenerscheinung des Machtüberganges vorauszusehen war. Gandhi hatte sein Leben nicht mit dem Versuch verbracht, Hindus und Mohammedaner miteinander auszusöhnen. Sein politisches Hauptziel, die friedliche Beendigung der englischen Herrschaft, hatte er schließlich erreicht. Wie gewöhnlich deckten sich die entscheidenden Faktoren. England zog sich kampflos aus Indien zurück, ein Vorgang, den nur wenige politische Beobachter ein Jahr vorher vorausgesagt haben würden. Anderseits war es eine Labour-Regierung, die den Entschluß faßte. Eine konservative Regierung, besonders eine unter der Führung von Churchill, hätte mit Sicher heit anders gehandelt. Wenn es aber um 1945 in England eine breite öffentliche Strömung zugunsten der Unabhängigkeit Indiens gab, so muß man fragen, ob dieses nicht weitgehend der persönliche Einfluß Gandhis war. Und falls Indien und England, was eintreten könnte, schließlich zu einem anständigen, freundschaftlichen Verhältnis gelangen sollten, wird das dann nicht zum Teil Gandhis Verdienst sein, der seinen Kampf unbeirrt, ohne Haß führte und die politische Atmosphäre entgiftete? Daß es überhaupt möglich ist, solche Fragen zu stellen, deutet seine Größe an.

Man mag, wie ich etwa, eine Art ästhetischer Abscheu für Gandhi haben, man mag es ablehnen, ihn für einen Heiligen zu halten, wofür viele eintreten (er selbst hat übrigens nie den Anspruch erhoben), man mag weiter Heiligkeit als Ideal ablehnen und deshalb die Ansicht vertreten, daß Gandhis Hauptziele antihuman und also reaktionär waren, aber als Politiker, verglichen mit anderen politischen Führern unserer Zeit, welch sauberen Geruch hat er hinterlassen!

Partisan Review, Januar 1949

Die Schriftsteller und der Leviathan

Die Stellung des Schriftstellers in einer Periode der staatlichen Kontrolle ist bereits ziemlich eingehend diskutiert worden, wobei allerdings das meiste, was an Ergebnissen von Bedeutung sein könnte, noch nicht vorliegt. Ich möchte an dieser Stelle keine Meinung, weder für noch gegen die staatliche Aufsicht über die Kunst äußern, sondern lediglich darauf hinweisen, daß es zum Teil von dem herrschenden intellektuellen Klima abhängt, *welcher Art* der Staat ist, der uns regiert, das heißt in diesem Zusammenhang von der Haltung der Schriftsteller und Künstler selber und von ihrer Entschlossenheit, den Geist des Liberalismus lebendig zu erhalten. Wenn wir uns, sagen wir in zehn Jahren, in einer Lage befinden sollten, in der wir vor einem Staatskommissar wie Schdanow kriechen müßten, dann vermutlich, weil wir es nicht anders verdient haben. Zweifellos bestehen schon heute innerhalb der englischen literarischen Intelligenz starke Gruppierungen, die zum Totalitarismus tendieren. Aber ich will mich hier nicht mit irgendeiner organisierten, zielbewußten Bewegung wie etwa dem Kommunismus befassen, sondern nur mit den Wirkungen auf an sich gutwillige Leute, die politisch denken und die es für nötig halten, politisch Stellung zu nehmen.

Unser Zeitalter ist ein politisches. Krieg, Faschismus, Konzentrationslager, Gummiknüppel, Atombomben etc., das sind die Dinge, die uns täglich beschäftigen, über die wir schreiben, selbst wenn sie nicht immer beim Namen genannt werden. Daran läßt sich nichts ändern. Wenn man sich auf einem sinkenden Schiff befindet, kreisen die Gedanken um sinkende Schiffe. Dadurch ist nicht nur unser Themenkreis eingeengt, sondern unsere ganze Einstellung zur

Literatur wird von Bindungen bestimmt, die uns zeitweise als nicht-literarisch bewußt werden. Ich habe oft das Gefühl, daß literarische Kritik selbst in den besten Zeiten etwas von Schwindel an sich hat, da anerkannte Maßstäbe fehlen – also eine Bezugnahme auf objektive Wertbegriffe, durch die sich die Feststellung, ob ein Buch ›gut‹ oder ›schlecht‹ ist, beweisen ließe, wodurch jedes literarische Urteil zu einer Reihe unwillkürlich aufgestellter Regeln wird, durch die man die instinktive Einstellung rechtfertigen kann. Die wirkliche Reaktion auf ein Buch, wenn überhaupt eine ausgelöst wird, ist allgemein: ›das Buch gefällt mir‹ oder ›es gefällt mir nicht‹, worauf eine rationale Begründung folgt. Dennoch halte ich eine Meinungsäußerung wie ›mir gefällt das Buch‹ nicht für unliterarisch. Unliterarisch wäre: ›dieses Buch vertritt meinen Standpunkt, und deshalb muß ich Werte darin entdecken.‹ Natürlich, wenn man ein Buch aus politischen Gründen lobt, so kann man dabei emotional trotzdem ehrlich sein, weil man ihm aus ganzem Herzen zustimmt. Aber oft kommt es auch vor, daß die Parteisolidarität vom Kritiker eine glatte Lüge verlangt. Das weiß jeder, der beruflich Bücher für politische Zeitschriften besprochen hat. Ganz allgemein: schreibt man für ein Blatt, dessen Haltung man teilt, so sündigt man auftragsgemäß, schreibt man für eins, dessen Haltung man nicht teilt, so sündigt man durch Auslassungen. Auf jeden Fall steht bei unzähligen engagierten Büchern – für oder gegen Sowjetrußland, für oder gegen den Zionismus, für oder gegen die katholische Kirche etc. – das Urteil schon fest, bevor man sie gelesen hat, und genaugenommen, bevor sie geschrieben wurden. Man weiß schon im voraus, welche Aufnahme sie in welchen Blättern finden werden. Und trotzdem wird mit einer Unaufrichtigkeit, die manchmal nur minimal bewußt ist, die Fiktion aufrechterhalten, daß bei der Kritik rein literarische Maßstäbe angewendet würden.

Natürlich ist das Eindringen der Politik in die Literatur

ein Vorgang, der kommen mußte. Er mußte kommen, auch wenn es das spezielle Problem des Totalitarismus nie gegeben hätte, weil sich in uns eine Art von schlechtem Gewissen entwickelt hat, das unsere Großväter nicht kannten, das Bewußtsein der ungeheuerlichen Ungerechtigkeit und des Elends in der Welt, und das drückende Schuldgefühl, daß man etwas dagegen unternehmen müßte, ein Gefühl, das die rein ästhetische Einstellung zum Leben unmöglich macht. Keiner könnte heute noch so ausschließlich und einseitig in der Literatur aufgehen, wie Joyce oder Henry James. Leider bedeutet heutzutage eine politische Verantwortung übernehmen, sich einer Ideologie oder ›Parteilinie‹ unterordnen, mit all der damit verbundenen Angst und Unehrlichkeit. Im Gegensatz zum Schriftsteller des viktorianischen Zeitalters haben wir den Nachteil, zwischen eindeutig profilierten Ideologien zu leben und für gewöhnlich auf den ersten Blick zu wissen, welche Gedanken ketzerisch sind. Ein moderner literarischer Intellektueller lebt und arbeitet in einem Zustand ständiger Angst, nicht so sehr im Hinblick auf die öffentliche Meinung im weiteren Sinne, als auf die herrschende Meinung innerhalb seiner eigenen Gruppe. Zum Glück gibt es immer mehr als nur eine Gruppe, aber außerdem gibt es jederzeit eine herrschende Doktrin, die zu verletzen man nicht nur ein dickes Fell haben muß; es kann auch eine Halbierung des Einkommens auf Jahre hinaus bedeuten. Offensichtlich ist in den letzten fünfzehn Jahren die herrschende Richtung, besonders in der jungen Generation, ›links‹ gewesen. Die Schlagworte waren ›progressiv‹, ›demokratisch‹, und ›revolutionär‹, während die Bezeichnungen, die man um jeden Preis vermeiden mußte, ›Bourgeois‹, ›Reaktionär‹ und ›Faschist‹ waren. Die meisten Menschen heute, selbst Katholiken und Konservative in ihrer Mehrheit, sind ›progressiv‹ oder möchten zum mindesten dafür gehalten werden. Niemand, soviel mir bekannt ist, bezeichnet sich selbst als ›Bourgeois‹, so wie keiner, der gebildet genug ist, um das Wort schon einmal gehört zu haben, je zugeben wird, Antisemit zu sein. Wir alle sind gute Demokraten, Anti-Faschisten, Anti-Imperialisten, kennen keine Klassenunterschiede, haben keine Rassenvorurteile und so weiter und so weiter. Ebensowenig kann ein ernster Zweifel daran bestehen, daß die heutige strenggläubige ›Linke‹ besser ist, als die reichlich snobistische, frömmelnde, konservative Orthodoxie, die vor zwanzig Jahren herrschte, als *Criterion* und (auf einem niedrigeren Niveau) *London Mercury* die führenden literarischen Zeitschriften waren. Zum mindesten strebte die Linke das Ziel an, eine brauchbare Gesellschaftsordnung zu errichten, wie sie von großen Teilen des Volkes tatsächlich verlangt wurde. Aber sie hat auch ihre Schattenseiten, die sie nicht offen zugeben kann, weshalb bestimmte Fragen von jeder Diskussion ausgeschlossen bleiben.

Die ganze linke Ideologie, wissenschaftlich und utopisch, ist von Leuten entwickelt worden, die keine unmittelbare Aussicht hatten, an die Macht zu kommen. Es war deshalb eine extremistische Lehre, die nur äußerste Verachtung für Könige, Regierungen, Gesetze, Gefängnisse, Polizei, Heere, Fahnen, Grenzen, Patriotismus, Religion, konventionelle Moral, mit einem Wort, die gesamte bestehende Gesellschaftsordnung übrig hatte. So weit man zurückdenken kann, kämpften die linken Kräfte in allen Ländern gegen eine scheinbar unbesiegbare Tyrannei, wobei die Annahme nahe lag, daß, wenn erst *diese* besondere Form der Tyrannei – der Kapitalismus – gestürzt werden könnte, der Sozialismus folgen würde. Zudem hatte die Linke vom Liberalismus bestimmte, äußerst fragwürdige Anschauungen übernommen wie die, daß die Wahrheit immer den Sieg davontragen müsse und Verfolgung und Unterdrückung von selbst zugrunde gehen würden, oder daß der Mensch von Natur gut sei und nur durch die ihm aufgezwungenen Verhältnisse verdorben werde. Diese perfektionistische Lehre haben wir fast alle nicht vergessen, in ihrem Namen protestieren wir, wenn (zum Beispiel) eine Labour-Regierung der Tochter des Königs eine große Apanage bewilligt oder sich nicht entschließen kann, die Stahlindustrie zu verstaatlichen. Aber wir haben in unsern Köpfen noch eine ganze Reihe uneingestandener Widersprüche als Folge wiederholter Enttäuschungen gespeichert.

Die erste große Enttäuschung war die russische Revolution. Aus sehr unterschiedlichen Gründen hat sich die gesamte englische Linke veranlaßt gesehen, das russische Regime als ›Sozialismus‹ zu akzeptieren, während sie stillschweigend zugab, daß sein Geist und seine Methoden nicht das geringste mit dem zu tun hatte, was man bisher in diesem Lande unter Sozialismus verstand. Daraus ergab sich eine Art Schizophrenie des Denkens, bei der Worte wie ›Demokratie‹ zwei miteinander unvereinbare Bedeutungen haben können und Dinge wie Konzentrationslager und Massendeportationen gleichzeitig richtig und falsch sind.

Der nächste Schlag für die linke Ideologie war der Aufstieg des Faschismus, der den Pazifismus und Internationalismus der Linken ins Wanken brachte, ohne zu einer Revision der Grundanschauungen zu führen. Die Besetzung anderer Länder durch deutsche Truppen lehrte die europäischen Völker etwas, was Kolonialvölker schon lange wußten, daß nämlich Klassengegensätze nicht alles bedeuten, daß es daneben noch so etwas wie ein gemeinsames nationales Interesse gibt. Nach Hitler fiel es schwer, ernstlich zu behaupten, daß »der Feind im eigenen Lande steht«, daß nationale Unabhängigkeit wertlos sei. Obwohl wir das alle wissen und notfalls danach handeln, können wir uns nicht von der Vorstellung losmachen, daß es eine Art von Verrat wäre, es offen auszusprechen. Die größte Schwierigkeit liegt aber darin, daß die Linke jetzt an der Macht ist und sich gezwungen sieht, die Verantwortung zu übernehmen und Entscheidungen zu treffen.

Linke Regierungen sind für ihre Anhänger fast immer enttäuschend, weil selbst wenn der versprochene Wohlstand verwirklicht werden kann, immer noch eine unerfreuliche Übergangszeit überwunden werden muß, von der vorher nie oder kaum die Rede war. Wir erleben gegenwärtig, wie unsere Regierung bei dem verzweifelten Bemühen, die wirtschaftlichen Engpässe zu überwinden, gegen ihre eigene frühere Propaganda ankämpft. Die Krise, in der wir uns befinden, ist kein plötzliches unerwartetes Ereignis wie ein Erdbeben und durch den Krieg nicht verursacht, sondern lediglich beschleunigt worden. Schon seit Jahrzehnten ließ sich voraussehen, daß etwas Derartiges eintreten mußte. Das ganze 19. Jahrhundert hindurch war unser nationales Einkommen, das auf den Zinsen der Investitionen im Ausland, auf festen Absatzmärkten und den billigen Rohstoffen aus den Kolonien beruhte, gefährdet. Man mußte damit rechnen, daß früher oder später etwas schiefgehen und wir ein Gleichgewicht von Import und Export würden herstellen müssen. Als das eintrat, sank notgedrungen unser und auch der Arbeiter-Lebensstandard, zum mindesten zeitweise. Das sind Tatsachen, die unsere Links-Parteien niemals klar anerkannt haben, auch wenn sie sich vor Anti-Imperialismus überschlugen. Nur gelegentlich waren sie bereit zuzugeben, daß die englische Arbeiterschaft bis zu einem gewissen Grad von der Ausbeutung Asiens und Afrikas profitiert hatte, erweckten aber gleichzeitig den Anschein, daß wir unsern Raub ruhig aufgeben und trotzdem auf irgendeine Weise unsern Wohlstand beibehalten könnten. Zum überwiegenden Teil wurden die englischen Arbeiter für den Sozialismus gewonnen, indem man ihnen sagte, sie würden ausgebeutet, während sie in Wahrheit die Ausbeuter waren. Jetzt ist allem Anschein nach der Punkt erreicht, an dem der Lebensstandard der Arbeiterklasse *nicht* mehr aufrechterhalten, geschweige denn gehoben werden kann. Selbst wenn wir den Reichen bis zum letzten Blutstropfen alles abnehmen würden, müßten die Massen der arbeitenden Bevölkerung entweder weniger konsumieren oder mehr produzieren. Oder übertreibe ich damit das Dilemma, in dem wir uns befinden? Vielleicht, und ich wäre glücklich, wenn ich mich geirrt haben sollte.

Ich will nur sagen, daß dieses Problem unter Leuten, die der linken Ideologie ergeben sind, unmöglich offen und ehrlich erörtert werden kann. Eine Kürzung der Löhne und Verlängerung der Arbeitszeit sind, selbstredend, anti-sozialistische Maßnahmen und müssen daher zuerst ausgeschaltet werden, ohne Rücksicht auf die wirtschaftliche Lage. Wer andeuten wollte, daß sie einmal unumgänglich sein könnten, würde sich womöglich eine jener Etikettierungen einhandeln, die wir fürchten. Sicherer ist jedenfalls, die ganze Frage zu umgehen und vorzugeben, bei einer Neuverteilung mit den jetzigen Einnahmen und Ausgaben alles in Ordnung bringen zu können.

Eine Ideologie annehmen, heißt immer ein Erbe an ungelösten Widersprüchen übernehmen. Man braucht zum Beispiel nur daran zu denken, daß jeder vernünftige Mensch von der Industrialisierung und ihren Produkten angewidert ist und gleichzeitig weiß, daß die Überwindung der Armut und die Befreiung der Arbeiterklasse nicht weniger, sondern immer mehr Industrialisierung erfordert. Oder die Tatsache, daß bestimmte Arbeiten absolut notwendig sind und doch nie getan werden würden, es sei denn unter einem gewissen Zwang. Oder die Notwendigkeit einer starken Militärmacht, um eine wirksame Außenpolitik treiben zu können. Aus all diesen Fällen ergibt sich eine Schlußfolgerung, die klar auf der Hand liegt, die man aber nur ziehen kann, wenn man als Individuum von der offiziellen Ideologie abweicht. Die normale Reaktion besteht darin, die Frage unbeantwortet in den letzten Winkel des Gehirns zu schieben und die alten Schlagworte mit all ihren Widersprüchen herzubeten. In Illustrierten und Magazinen braucht man nicht lange zu suchen, um die Auswirkungen dieser Denkweise zu entdecken.

Natürlich will ich damit nicht sagen, daß geistige Unaufrichtigkeit besonders Sozialisten oder Linken im allgemeinen eigen oder bei ihnen am meisten verbreitet wäre. Nur, die literarische Integrität scheint mit der Übernahme *jeder* politischen Doktrin unvereinbar zu sein. Das gilt genauso für Bewegungen wie Pazifismus und Personalismus, die angeblich außerhalb des gewöhnlichen politischen Kampfes stehen. Tatsächlich hat schon der Klang jener Worte auf ›ismus‹ den Geruch von Propaganda an sich. Die Zugehörigkeit zu einer politischen Gruppe ist notwendig und gleichzeitig für die Literatur tödlich, solange Literatur ein individuelles Erzeugnis ist. Sobald man der Gruppe einen Einfluß, auch einen negativen, auf die schöpferische Gestaltung einräumt, ist das Ergebnis nicht nur Verfälschung, sondern geradezu ein Verkümmern der schriftstellerischen Fähigkeiten.

So weit, so gut. Müssen wir aus alledem folgern, daß der Schriftsteller die Pflicht hat, ›sich aus der Politik herauszuhalten‹? Gewiß nicht! Jedenfalls kann oder wird, wie ich bereits sagte, kein denkender Mensch in einer Zeit wie der unsern die Politik ignorieren. Ich möchte nur dafür eintreten, einen schärferen Trennungsstrich als bisher zwischen unsern politischen und literarischen Verpflichtungen zu ziehen, so daß wir einsehen, daß die Bereitschaft, bestimmte scheußliche, aber notwendige Dinge zu *tun*, uns nicht dazu verpflichtet, die damit gewöhnlich einhergehenden Parolen zu schlucken. Wenn ein Schriftsteller sich auf Politik einläßt, so sollte er das als Mensch und Bürger seines Landes tun, aber nicht als *Schriftsteller*. Ich bin nicht der Meinung, daß er lediglich auf Grund seiner künstlerischen Sensibilität das Recht hat, sich vor den gewöhnlichen, schmutzigen, politischen Alltagsarbeiten zu drücken. Wie jeder andere sollte er bereit sein, Vorträge in zugigen Sälen zu halten, Parolen auf das Straßenpflaster zu malen, Wähler zu bearbeiten, Flugblätter zu verteilen, ja selbst in einem Bürgerkrieg mitzukämpfen, wenn es nötig ist. Was er auch immer im Dienst seiner Partei tun mag, er sollte niemals für sie schreiben. Er müßte klar zum Ausdruck bringen, daß seine Arbeit als Schriftsteller eine Sache für sich ist, und müßte imstande sein, gemeinschaftlich zu handeln, hingegen, wenn er es so will, die offizielle Ideologie ablehnen. Er sollte nie seine Gedanken opfern, weil sie zu einer Abweichung der vorgeschriebenen Linie führen könnten, und sich nicht allzusehr darum kümmern, ob jemand sein unorthodoxes Denken wittert, was wahrscheinlich sein könnte. Vielleicht ist es nicht einmal ein schlechtes Zeichen für einen Schriftsteller heute, reaktionärer Tendenzen verdächtigt zu werden, so wie es vor zwanzig Jahren ein schlechtes Zeichen gewesen wäre, nicht der Sympathie für die Kommunisten verdächtigt zu werden.

Heißt das alles, daß ein Schriftsteller nicht nur ablehnen sollte, sich der Diktatur politischer Bosse zu unterwerfen, sondern auch, daß er auf jede schriftstellerische Äußerung *über* Politik verzichten sollte? Keineswegs, um es nochmals zu sagen! Es gibt keinen Grund, warum er nicht auf die schärfste politische Weise schreiben sollte, wenn er es will. Nur müßte es als Einzelperson geschehen, als Outsider, etwa als unwillkommener Partisan am Rande der regulären Armeen. Diese Rolle ist mit seiner üblichen politischen Verwendbarkeit durchaus zu vereinbaren. Es wäre zum Beispiel denkbar, daß jemand an einem Krieg teilnimmt, weil er der Auffassung ist, daß der Krieg gewonnen werden muß, und gleichzeitig ablehnt, Kriegspropaganda zu schreiben. Ist ein Autor aufrichtig, so können sein Schreiben und seine Betätigung manchmal einander widersprechen. Bei bestimmten Gelegenheiten ist das eindeutig unerwünscht. Der Ausweg ist dann aber nicht, seine Impulse zu fälschen, sondern zu schweigen. Einem schöpferischen Schriftsteller nahezulegen, in einem solchen Konflikt seine Persönlichkeit zu spalten, mag defaitistisch oder frivol scheinen. Und doch sehe ich nicht, was er sonst praktisch tun könnte. Sich in einen elfenbeinernen Turm einzuschließen, ist unmöglich und nicht wünschenswert. Sich unterwerfen, nicht nur einem Parteiapparat, sondern schon der Ideologie einer Gruppe, bedeutet, sich als Schriftsteller aufgeben. Wir alle wissen, daß dieses Dilemma schmerzlich ist, weil wir die Notwendigkeit des politischen Engagements einsehen und gleichzeitig erfahren haben, was für ein schmutziges, degradierendes Geschäft das ist. Die meisten von uns hegen immer noch den heimlichen Wunsch und Glauben, daß es nur darum geht, auch politisch zwischen Gut und Böse zu wählen, und daß alles, was notwendig ist, auch richtig ist. Wir sollten, meine ich, uns von diesem Glauben trennen, der zu den Ammenmärchen gehört. In der Politik kann man nie mehr tun, als sich zwischen zwei Übeln für das kleinere zu entscheiden, und es gibt Situationen, denen man nur entkommen kann, wenn man wie der Teufel oder der Verrückte handelt. Krieg zum Beispiel mag notwendig sein, aber er ist weder richtig noch normal. Auch allgemeine Wahlen sind nicht gerade ein vergnügliches oder erbauliches Schauspiel. Wenn man an solchen Dingen teilnehmen muß, und jeder hat diese Pflicht – es sei denn, er wäre durch Alter, Dummheit oder Heuchelei dagegen geschützt –, muß man auch einen Teil des eigenen Ichs als unverletzlich heraushalten können. Für die meisten stellt sich das Problem in dieser Form nicht, weil ihr Leben bereits gespalten ist. Sie sind nur in ihren Mußestunden wirklich am Leben, und zwischen ihrer Arbeit und ihrer politischen Betätigung besteht gefühlsmäßig kein Zusammenhang. Von ihnen wird auch nicht verlangt, im Namen einer politischen Bindung sich als Arbeiter zu erniedrigen. Genau das wird aber vom Künstler verlangt, besonders vom Schriftsteller, ja, es ist das einzige, das Politiker je von ihm verlangen. Weigert er sich, so bedeutet das nicht, daß er zur

Untätigkeit verurteilt wird. Ein Teil von ihm, der in gewissem Sinne sein ganzes Wesen ausmacht, kann so entschlossen, notfalls sogar so rücksichtslos handeln, wie nur irgendeiner. Aber das, was er schreibt, soweit es überhaupt einen Wert hat, wird immer das Produkt seines besseren Ichs sein, welches abseits steht, die Geschehnisse registriert und ihre Notwendigkeit einsieht, aber ablehnt, sich über ihre wahre Natur täuschen zu lassen.

Politics and Letters, Sommer 1948

George Orwell
im Diogenes Verlag

George Orwell, eigentlich Eric Arthur Blair, wurde 1903 in Bengalen, Nordostindien, geboren. In England besuchte er als armer Stipendiat eine Eliteschule. Seinen Dienst in Burma kündigte er aus Protest gegen die britischen Kolonialmethoden. Er gesellte sich zum Proletariat in London und Paris, dessen Leben er in Reportagen und Büchern beschrieb. Engagement im Spanischen Bürgerkrieg, schwere Verwundung. Danach Redakteur in London und Korrespondent in Deutschland und Frankreich. Er starb 1950 in London.

»George Orwell verdanken wir die schärfste Kritik des britischen Imperialismus und die bitterste Abrechnung mit dem englischen Klassensystem.«
Süddeutsche Zeitung, München

Farm der Tiere
Ein Märchen. Aus dem Englischen von Michael Walter. Mit einem Nachwort des Autors
Auch als Diogenes Hörbuch erschienen, gelesen von Hans Korte

Im Innern des Wals
Erzählungen und Essays. Deutsch von Felix Gasbarra und Peter Naujack
Daraus die Erzählung *Einen Elefanten erschießen* auch als Diogenes Hörbuch erschienen, gelesen von Jochen Striebeck

Mein Katalonien
Bericht über den Spanischen Bürgerkrieg. Deutsch von Wolfgang Rieger

Rache ist sauer
Essays. Deutsch von Felix Gasbarra, Peter Naujack und Claudia Schmölders

Erledigt in Paris und London
Deutsch von Helga und Alexander Schmitz

Auftauchen, um Luft zu holen
Roman. Deutsch von Helmut M. Braem

Tage in Burma
Roman. Deutsch von Susanna Rademacher

Der Weg nach Wigan Pier
Deutsch und mit einem Nachwort von Manfred Papst

Denken mit George Orwell
Ein Wegweiser in die Zukunft. Ausgewählt von Fritz Senn und Christian Strich. Deutsch von Felix Gasbarra und Tina Richter (vormals: *Gerechtigkeit und Freiheit*)

Jonathan Swift
Gullivers Reisen

Aus dem Englischen von Franz Kottenkamp
Mit einem Vorwort von Hermann Hesse,
einer Lebensbeschreibung des Autors von
Walter Scott, einem Swift-Lexikon und
einem Nachwort von Franz Riederer
Illustrationen von Grandville

Der schiffbrüchige Gulliver gerät auf seiner Reise auf die Insel Lilliput, dessen Volk aus Zwergen besteht. Von dort aus verschlägt es ihn auf die Riesen-Insel Brobdingnag. Als Zwerg muß er sich abenteuerlich durchschlagen und kommt zur fliegenden Insel Laputa, wo die Wissenschaftler der Zeit ihre Experimente anstellen, und schließlich gerät er durch weitere Abenteuer zum Land der Houyhnhnms, wo die Pferde regieren. Swift vereint Fabulierlust, satirische Perspektiven und die Abgründigkeit des Welt- und Menschenbildes reibungslos. Mit der Verwendung eines betont ›einfachen Stils‹ zielt er gekonnt auf die Mißstände der zeitgenössischen englischen Politik.

»Ich habe *Gullivers Reisen* zum erstenmal mit acht Jahren gelesen, oder, um genau zu sein, einen Tag bevor ich acht wurde. Ich stahl das Exemplar, das mir am nächsten Tag zum Geburtstag geschenkt werden sollte, und las es heimlich. Seitdem habe ich es bestimmt ein halbes Dutzend Mal gelesen. Sein Zauber scheint unerschöpflich.« *George Orwell*

»Vom Dichter Swift nehmen wir alles auf, was wir nur bekommen können; sein großes Herz, sein bitterer blutiger Humor, seine vereinsamte Genialität wiegt alle Schrullen seines Sonderlingtums reichlich auf.« *Hermann Hesse*

Ralph Waldo Emerson
im Diogenes Verlag

1803 in Boston geboren, beendete Ralph Waldo Emerson nach drei Jahren seine Berufstätigkeit als Prediger. »Wer ein Mensch sein will, der muß Nonkonformist sein« – so die Überzeugung, der er folgte. Er selbst nannte seine Gedanken ›Kinder des Waldes‹, seine an Montaigne geschulten Essays galten als die intellektuelle Unabhängigkeitserklärung Amerikas. Schon zu Lebzeiten wurde er als Prophet verehrt, sein Tod 1882 von ganz Amerika betrauert.

Natur

Herausgegeben
und aus dem Amerikanischen übertragen
von Harald Kiczka
Mit einem Nachruf auf Emerson
von Herman Grimm

»Zu Lebzeiten als Prophet verehrt, bei seinem Tod von ganz Amerika betrauert, war Emersons Einfluß auch in Deutschland groß. Seine Theorie der Natur, des Lebendigen, der Schöpfung ist kein System der Naturwissenschaft, sondern der Versuch, alles Sichtbare in einfache Kategorien zu bringen und den Menschen in den Mittelpunkt zu stellen. Die Souveränität der Persönlichkeit, der unabhängige Mensch war sein Anliegen.« *Österreichischer Rundfunk, Wien*

»Es ist zwecklos, ja unmöglich, Emersons Philosophie zu reproduzieren oder zu erläutern, denn wie ein Kristall oder eine Landschaft beschreibt und kommentiert er sich selbst. Seine Sätze sind da, unvorbereitet, undiskutierbar, gleich Matrosensignalen aus einer nebelhaften Tiefe. Man kann Emerson nicht widersprechen. Seine überzeugende Kraft beruht ja eben darauf, daß er alles aus seinem inneren Diktat schöpft und nichts dazutut. Er hält still, lauscht auf sein Herz und schreibt mit.« *Egon Friedell*

»Ich sehe in ihm eines der wertvollsten Vermächtnisse des nachgoetheschen Jahrhunderts.«
Ernst Robert Curtius

Repräsentanten der Menschheit
Sieben Essays. Deutsch von Karl Federn
Mit einem Nachwort von Egon Friedell

Emerson führt in den vorliegenden Essays einen Dialog mit den großen Persönlichkeiten der Vergangenheit: Plato, Swedenborg, Montaigne, Shakespeare, Napoleon und Goethe. Und erweist sich dabei selbst als ein ihnen ebenbürtiger Denker.

»Emerson wird stets für jene anregend und stimulierend bleiben, die eine spirituelle Deutung der Welt verlangen, sich aber gegen die Annahme eines besonderen Glaubensbekenntnisses sträuben.«
John Cowper Powys

Von der Schönheit des Guten
Betrachtungen und Beobachtungen
Ausgewählt, übertragen und mit einem Vorwort von
Egon Friedell. Mit einem Nachwort
von Wolfgang Lorenz

»Seine Gedanken sind heute für uns jung, denn sie kommen aus einem Weltteil, der sich rascher und unter anderen Bedingungen entwickelt hat als der unsrige. Aber sie werden auch in späteren Zeiten niemals altern und den Zeitgeschmack überdauern, denn Emerson schöpft aus zwei Quellen, die immer frisch bleiben: aus der Natur und aus seinem Herzen. Daher hat er allen Menschen und allen Zeiten etwas zu sagen.« *Egon Friedell*

»Emerson hat jene gütige und geistreiche Heiterkeit, welche allen Ernst entmutigt; er weiß es schlechterdings nicht, wie alt er ist und wie jung er noch sein wird.« *Friedrich Nietzsche*

Fred Uhlman
im Diogenes Verlag

The Making of an Englishman
Erinnerungen eines deutschen Juden
Herausgegeben und aus dem Englischen übertragen
von Manfred Schmid

Stationen eines jüdischen Lebens im 20. Jahrhundert:
Kindheit in Stuttgart · Erster Weltkrieg · Schlagende
Verbindung in Freiburg · Eintritt in die SPD und Be-
kanntschaft mit Kurt Schumacher · Flucht vor den
Nazis nach Frankreich · Pariser Künstlerkreise · Aus-
stellungen · Reise nach Spanien · England · Begegnung
mit Kokoschka · Internierungslager · Freundschaft
mit Kurt Schwitters.

»Nicht, weil ich Großes in meinem Leben erreicht
habe, habe ich meine Memoiren geschrieben, sondern
weil ich die Geschichte eines durchschnittlichen Menschen und seiner Zeit erzählen will, der in einen der
wildesten Stürme der Geschichte geriet und eine Ka-
tastrophe überlebte, die ganze Kontinente verschlang.
Es ist die Geschichte eines Mannes, der vielleicht
egoistisch glaubte, daß es wichtiger sei, gute Bücher
zu schreiben, als in achtzig Stunden um die Welt zu
rasen, daß es wichtiger sei, gute Bilder zu malen, als
ein großes Vermögen anzuhäufen, und dessen einziger Ehrgeiz darin besteht, nicht mit Raketen, sondern
mit Kunst die Sterne zu erreichen.« *Fred Uhlman*

Der wiedergefundene Freund
Erzählung. Mit einem Vorwort von Arthur Koestler
Deutsch von Felix Berner

Zwei 16jährige Jungen besuchen die gleiche exklusive
Schule. Der eine, Hans Schwarz, ist der Sohn eines
Arztes, der andere, Konradin von Hohenfels, ent-

stammt einer reichen Adelsfamilie. Zwischen den beiden entspinnt sich eine Freundschaft, die auf einem tiefen, magischen Einverständnis beruht. Bis ein Jahr später die Beziehung zerbricht. Die Geschichte spielt in Deutschland. Wir schreiben das Jahr 1933.

Fred Uhlmans bewegende Erzählung erforscht mit ungewohnter Zartheit und suggestiver Kraft die Gesetze der Freundschaft, die Widrigkeiten, die ihr gefährlich werden können, sowie jene anderen Kräfte, die unzerstörbar Trennung, Enttäuschung, Verzweiflung und sogar den Tod überdauern.

Der wiedergefundene Freund erschien 1971 in den USA, wurde begeistert aufgenommen und daraufhin in England, Holland, Schweden, Norwegen, Dänemark, Spanien, Portugal, Deutschland und Israel veröffentlicht; 1985 war es das meistverkaufte Taschenbuch in Frankreich.

»Ein Akt der Versöhnung, der Anerkennung eines Juden für jene bemerkenswerten Deutschen, die beim Versuch, Hitler zu stürzen, ihr Leben gaben, Männer wie Stauffenberg und Helmuth James von Moltke.«
Books and Bookmen

»*Der wiedergefundene Freund* ist eines der raren Zeugnisse dafür, daß auch angesichts des namenlosen Schreckens Literatur als Kunst möglich ist.«
Neue Zürcher Zeitung

»Ein Meisterwerk.« *Arthur Koestler*

Auch als Diogenes Hörbuch erschienen,
gelesen von Hans Korte

Egon Friedell
im Diogenes Verlag

Kulturgeschichte des Altertums
Kulturgeschichte Ägyptens und des alten Orients /
Kulturgeschichte Griechenlands
Leben und Legende der vorchristlichen Seele

Von Ägypten und dem alten Orient bis zur Hochblüte und dem Niedergang Athens – anschaulich, pointiert und stets unterhaltsam zeichnet Egon Friedell »Leben und Legende der vorchristlichen Seele« nach. Er bietet ein vielschichtiges und farbiges Bild von Leben und Kultur des Altertums, vom grauen Alltag bis zur hohen Politik, von der Haustierhaltung und der Vasenmalerei bis zur Philosophie.

»Ein Kompendium an Weisheit und Einsicht, an historischer Klugheit und dichterischer Inspiration, an stilistischer Bravour, fachwissenschaftlicher Genauigkeit und aller Freiheit der Phantasie.«
Saarländischer Rundfunk, Saarbrücken

Kulturgeschichte der Neuzeit
Die Krisis der Europäischen Seele
von der Schwarzen Pest
bis zum Ersten Weltkrieg
Mit einem Nachwort von Ulrich Weinzierl

Mit der *Kulturgeschichte der Neuzeit* – seinem Meisterwerk, das Geschichte in spannenden Geschichten erzählt und in einer zeitlos klaren Sprache geschrieben ist – wurde Egon Friedell weltberühmt. Vom Schwarzen Tod bis zum Ersten Weltkrieg umspannt Friedells Panorama alles, was die europäische Seele bewegte und erschütterte.

»Mit einer unglaublichen Belesenheit, einem bestrickkenden Witz, einem exakt wissenschaftlichen Verstand

und wahrhaft subtilen Kunstgeschmack gibt Friedell unzählige Aspekte der kulturellen Entwicklung des europäischen – und amerikanischen – Menschen von der Renaissance bis zum Ersten Weltkrieg wieder.«
Hilde Spiel

Vom Schaltwerk der Gedanken

Ausgewählte Essays zu Geschichte, Politik, Philosophie,
Religion, Theater und Literatur
Herausgegeben von Daniel Keel und Daniel Kampa

Egon Friedell war ein philosophischer Schriftsteller und ein schriftstellerischer Philosoph – das zeigen auch seine weniger bekannten Essays. Blitzgescheit, enthusiastisch, polemisch, immer anregend, immer geistreich zeigen sie Egon Friedell als Aufklärer, Polemiker, Zeitdiagnostiker und zeitlosen Querdenker, der über die verschiedensten Aspekte tiefsinnig leicht schreiben konnte.

»Eine esprit-dralle Sammlung. Egon Friedell, dieser ganzheitlich interessierte Philosoph und Theaterkritiker, Schauspieler und Kabarettist, war ein Denker, der stets auf das große Ganze ging – und sich die Freude am Leben dennoch nicht verbieten lassen wollte.«
Die Welt, Berlin

Die Rückkehr der Zeitmaschine

Phantastische Novelle

Nach unerhört lebhafter Korrespondenz mit Mr. Wells (bzw. seiner Sekretärin, Miss Hamilton) kommt Egon Friedell einem weiteren Vertrauten des Zeitreisenden auf die Spur, der endlich das Geheimnis lüftet und von der letzten großen Reise mit der Zeitmaschine berichtet – darunter übrigens ein schrecklicher Besuch im Jahre (nein, nicht 1984, sondern:) 1995.

»Mit viel Esprit umgeht Egon Friedell die Tücken der Zeitparadoxa in einer ironischen Fortsetzung des

Wellsschen Vorbilds. Er wirft darin unter anderem die von Wells gänzlich vernachlässigte Frage auf, ob die Zeitmaschine überhaupt in die Vergangenheit reisen könne, da die Maschine vor einem bestimmten Zeitpunkt ja noch nicht existierte. Eine Wirkung, so schreibt das Kausalitätsgesetz vor, darf ihrer Ursache nicht vorhergehen.« *Bücherpick, Zürich*

Das Egon Friedell Lesebuch

Das Beste aus dem Werk des Schöpfers
der legendären *Kulturgeschichte*
Herausgegeben von Heribert Illig

Egon Friedell – ein Mensch »in seinem Widerspruch«: Doktor der Philosophie und Enfant terrible Wiens, jüdischer Herkunft, doch überzeugter Christ, Aphoristiker, Feuilletonist und Dramatiker, ausgeprägter Individualist im Dienst anderer Geistesgrößen, Satiriker, Parodist und Pamphletist, Novellist, Theaterkritiker und nicht zuletzt Kulturhistoriker – präsentiert sich in diesem Auswahlband frisch und lebendig: in einer wortmächtigen, ebenso prägnanten wie eigenwilligen Prosa, durchsetzt von beißender Ironie und ernst-fröhlicher Lebensweisheit.

Heribert Illig, einer der besten Kenner des Friedellschen Lebenswerkes, hat neben den besten Essays und Auszügen aus der *Kulturgeschichte* auch schwer greifbare Artikel und Briefe von und an Egon Friedell zusammengetragen sowie Erinnerungen und Zeugnisse wichtiger Zeitgenossen, unter anderem von Peter Altenberg, Franz Blei und Felix Salten. Das *Lesebuch* enthält auch den berühmten Sketch *Goethe*, den Egon Friedell gemeinsam mit Alfred Polgar schrieb.